Gill SKILLS

RÉALTA LITRIÚ A

Alison Ní Mhathúna

GILL

Clár

An Aimsir

Dé Luain

Liosta focal

Dé Luain
an ghrian
sneachta

Dé Máirt
lá fuar
lá breá

Dé Céadaoin
lá fliuch
lá gaofar

Déardaoin
Dul siar ar an liosta.

Féach

Abair

Clúdaigh

Scríobh

Seiceáil

Foghlaim:

an ghrian

sneachta

Bí ag cleachtadh!

Scríobh na focail nua.

_____

_____

Focail agus frásaí nua

an ghrian

sneachta

lá fuar

lá breá

lá fliuch

lá gaofar

1 Ceangail agus scríobh.

an ghrian
sneachta
lá fuar
lá breá
lá fliuch
lá gaofar

an ghrian

2 Scríobh agus dathaigh.

(a)

(b)

(c)

(d)

Focail / Frásaí breise: _____

_____

Dé Máirt

Foghlaim:

lá fuar

lá breá

Bí ag cleachtadh!

Scríobh na focail nua.

_____

_____

Dé Céadaoin

Foghlaim:

lá fliuch

lá gaofar

Bí ag cleachtadh!

Scríobh na focail nua.

_____

_____

❶ Bí ag scríobh.

(a) an ghrian   an ghrian   an ghrian   an ghrian

(b) sneachta   sneachta

(c) lá fuar   lá fuar

(d) lá breá   lá breá

(e) lá fliuch   lá fliuch

(f) lá gaofar   lá gaofar

❷ Cuardach focal

sneachta
an ghrian
lá fuar
lá breá
lá fliuch
lá gaofar

s	n	s	n	e	a	c	h	t	a
l	á	f	l	i	u	c	h	n	p
b	a	n	g	h	r	i	a	n	r
f	ó	é	l	á	f	u	a	r	f
u	f	l	á	b	r	e	á	r	t
a	c	n	ó	g	a	i	r	i	a
l	á	g	a	o	f	a	r	a	l

❶ Bí ag scríobh.

(a) lá fli + uch = lá fliuch

(b) snea + chta = _____

(c) lá fu + ar = _____

(d) lá br + eá = _____

(e) an ghr + ian = _____

(f) lá gao + far = _____

Déardaoin Dul Siar ar an tSeachtain

1 Crosfhocal

| an ghrian |
| sneachta |
| lá fuar |
| lá breá |
| lá fliuch |

s					a
a					n

l			f	a

i
m
s

l			i		h
l		r

2 Tástáil thú féin! Scríobh na focail.

Féach agus abair.	Clúdaigh, scríobh agus seiceáil.	✓ nó ✗	Scríobh arís.	✓ nó ✗
an ghrian				
sneachta				
lá fuar				
lá breá				
lá fliuch				
lá gaofar				

/6

Conas a rinne tú? 🙂 ⚪ 😐 ⚪ ☹ ⚪   Taifead do chuid torthaí ar leathanach 110.   3

2

Faoin Tuath

Dé Luain

Liosta focal

Dé Luain

coinín

crann

Dé Máirt

nead

éan

Dé Céadaoin

péist

geata

Déardaoin

Dul siar ar an liosta.

Féach

Abair

Clúdaigh

Scríobh

Seiceáil

Foghlaim:

coinín

crann

Bí ag cleachtadh!

Scríobh na focail nua.

Focail agus frásaí nua

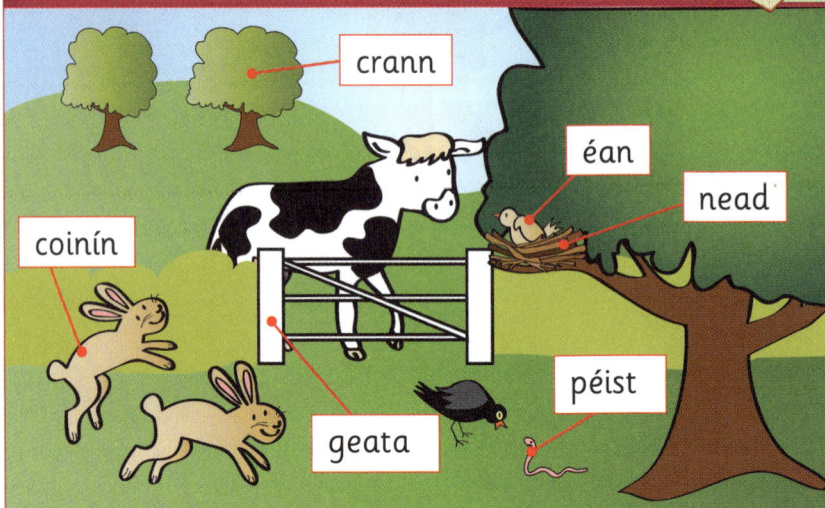

crann

éan

nead

coinín

geata

péist

---

1 Scríobh an focal ceart in aice le gach pictiúr.

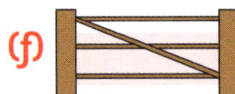

(a)

(b)

(c)

(d)

(e)

(f)

---

2 Dathaigh:

(a) na crainn

(b) an geata

(c) na coiníní

(d) an phéist

(e) an nead

(f) an t-éan

Focail / Frásaí breise:

Téama: Caitheamh Aimsire.

Dé Máirt

Foghlaim:	Bí ag cleachtadh!
nead  éan	Scríobh na focail nua. ....

Dé Céadaoin

Foghlaim:	Bí ag cleachtadh!
péist 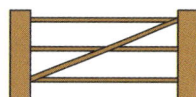 geata	Scríobh na focail nua. ....

---

1 **Ceart (✓) nó mícheart (✗)?**

(a) péist ✓

(b) coinín

(c) geata

(d) nead

(e) crann

(f) éan

---

2 **Cuardach focal**

coinín
nead
geata
éan
péist
crann

p	o	a	t	á	n	a	é	a	n
t	r	c	o	i	n	í	n	n	a
a	e	a	b	u	r	t	é	a	d
p	é	i	s	t	p	á	d	l	l
m	ú	c	e	c	r	a	n	n	d
l	e	a	g	s	n	n	e	a	d
t	g	e	a	t	a	a	í	d	i

---

1 **Bí ag scríobh.**

(a) cr + ann = crann

(b) gea + ta =

(c) péi + st =

(d) ne + ad =

(e) é + an =

(f) coin + ín =

Déardaoin Dul Siar ar an tSeachtain

1 Crosfhocal

crann
nead
coinín
éan
péist
geata

f
a o i n
o
i
n
p
t
u
a n
e
t
h

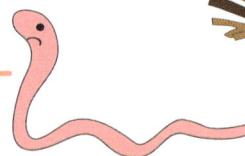

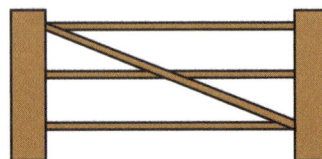

2 Tástáil thú féin! Scríobh na focail.

Féach agus abair.	Clúdaigh, scríobh agus seiceáil.	✓ nó ✗	Scríobh arís.	✓ nó ✗
crann				
nead				
geata				
coinín				
éan				
péist				

/6

Conas a rinne tú? 🙂⚪ 😐⚪ 🙁⚪ Taifead do chuid torthaí ar leathanach 110.

Mo Sheomra

3

Dé Luain

Liosta focal

Dé Luain
leaba
balla

Dé Máirt
clog
cófra

Dé Céadaoin
doras
teidí

Déardaoin
Dul siar ar an liosta.

Féach

Abair

Clúdaigh

Scríobh

Seiceáil

Foghlaim:
leaba
balla

Bí ag cleachtadh!
Scríobh na focail nua.

Focail agus frásaí nua

clog, teidí, leaba, balla, doras, cófra

---

1 Scríobh agus dathaigh.

(a)

(b)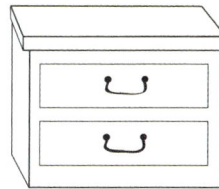

(c)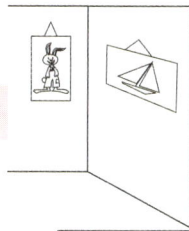

(d)

(e)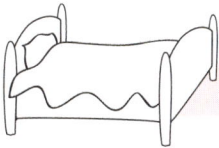

(f)

---

2 Aimsigh an freagra agus dathaigh.

(a) $2 + 2 = $ dearg
(b) $3 + 3 = $ buí
(c) $4 + 4 = $ gorm
(d) $5 + 5 = $ glas

   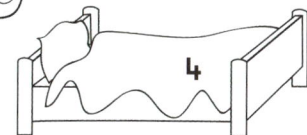

Focail / Frásaí breise:

Téama: Sa Bhaile.

7

Dé Máirt

Foghlaim:

clog

cófra

Bí ag cleachtadh!

Scríobh na focail nua.

_____

_____

Dé Céadaoin

Foghlaim:

doras

teidí

Bí ag cleachtadh!

Scríobh na focail nua.

_____

_____

1 Scríobh an focal ceart in aice le gach pictiúr.

(a) clog

(b)

(c)

(d)

(e)

(f)

2 Ceangail agus scríobh.

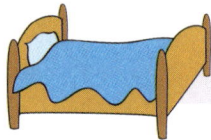

leaba
cófra
balla
clog
doras
teidí

leaba

1 Cuardach focal

cófra
balla
teidí
clog
doras
leaba

a	g	a	c	r	r	t	a	h	d
a	g	s	c	ó	f	r	a	n	a
c	o	b	a	l	l	a	n	d	h
b	r	i	o	t	e	i	d	í	í
c	l	o	g	r	i	s	é	a	r
a	a	d	o	r	a	s	p	a	í
m	a	g	l	e	a	b	a	l	e

Déardaoin Dul Siar ar an tSeachtain

1 Crosfhocal

clog
cófra
leaba
balla
teidí
doras

c | | |

| e | | d |

c | | f | |

b | | l | l | |

d | | r | a | |

| | a | | |

2 Tástáil thú féin! Scríobh na focail.

Féach agus abair.	Clúdaigh, scríobh agus seiceáil.	✓ nó ✗	Scríobh arís.	✓ nó ✗
cófra				
balla				
teidí				
clog				
doras				
leaba				

/6

4

Mo Mhála Scoile

Dé Luain

Liosta focal

Dé Luain
crián
lón

Dé Máirt
peann
leabhar

Dé Céadaoin
mála scoile
iris

Déardaoin
Dul siar ar an liosta.

Féach

Abair

Clúdaigh

Scríobh

Seiceáil

Foghlaim:
crián

lón

Bí ag cleachtadh!

Scríobh na focail nua.

_____

_____

Focail agus frásaí nua

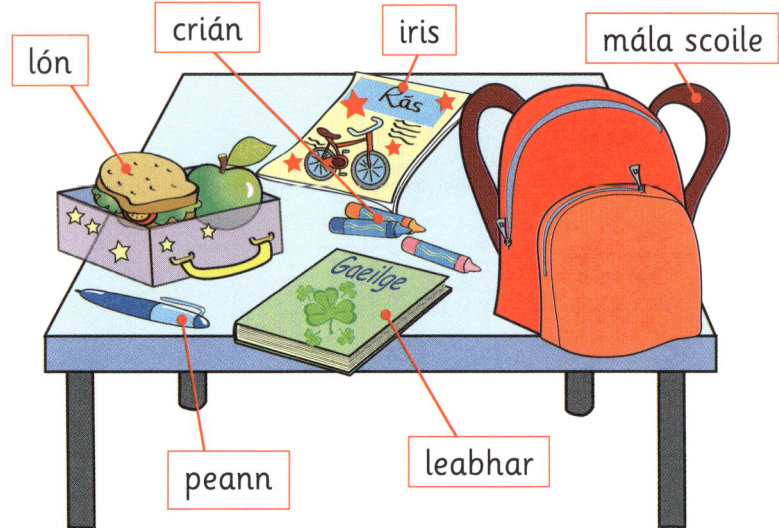

lón · crián · iris · mála scoile · peann · leabhar

---

1 Scríobh agus dathaigh.

(a)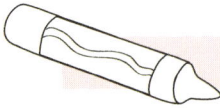

(b)

(c)

(d)

(e)

(f)

---

2 Aimsigh an freagra agus dathaigh.

(a) 7 + 7 = dearg

(b) 10 + 10 = buí

(c) 8 + 4 = gorm

(d) 4 + 6 = glas

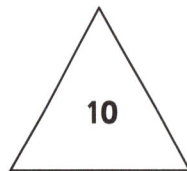 10

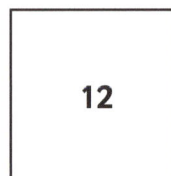 12

14

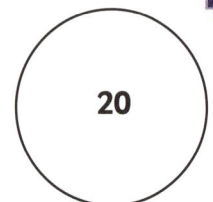 20

Focail / Frásaí breise:

_____

_____

Téama: An Scoil.

Dé Máirt

Foghlaim:

peann

leabhar

Bí ag cleachtadh!

Scríobh na focail nua.

_____

_____

Dé Céadaoin

Foghlaim:

mála scoile

iris

Bí ag cleachtadh!

Scríobh na focail nua.

_____

_____

---

1 **Scríobh an focal ceart in aice le gach pictiúr.**

(a) leabhar

(b)

(c)

(d)

(e)

(f)

---

2 **Ceangail agus scríobh.**

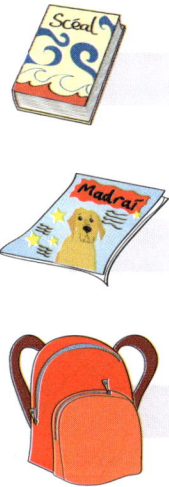

lón

leabhar

crián

iris

peann

mála scoile

lón

1 **Cuardach focal**

crián
peann
lón
iris
leabhar
mála scoile

c	o	c	r	i	á	n	n	d	h
b	r	i	o	l	ó	n	d	í	í
m	á	l	a	s	c	o	i	l	e
p	e	a	n	n	i	s	é	a	r
a	g	s	c	r	ó	r	a	n	a
a	a	i	r	i	s	t	r	a	í
m	a	g	l	e	a	b	h	a	r

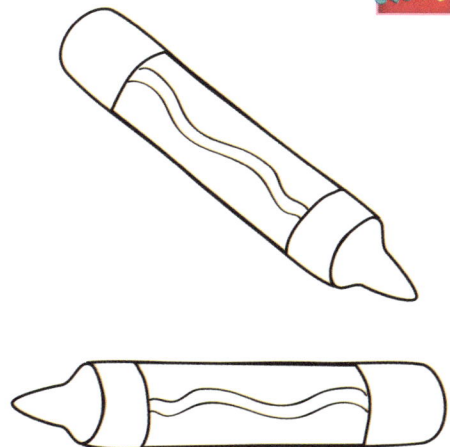

11

Déardaoin Dul Siar ar an tSeachtain

1 Crosfhocal

crián
lón
peann
leabhar
iris

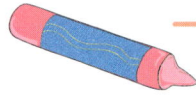

c _ _

m
á
l
a

l _ a _ _ _

s
c
o
i _ _
l
e

2 Tástáil thú féin! Scríobh na focail.

Féach agus abair.	Clúdaigh, scríobh agus seiceáil.	✓ nó ✗	Scríobh arís.	✓ nó ✗
mála scoile				
crián				
lón				
peann				
iris				
leabhar				

/6

1 Ceangail agus scríobh.

an ghrian
sneachta
lá fuar
lá breá
lá fliuch
lá gaofar

an ghrian

2 Crosfhocal

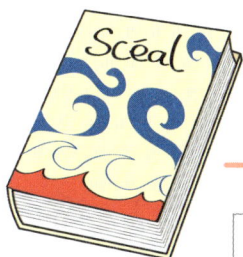

crián
lón
peann
leabhar
iris

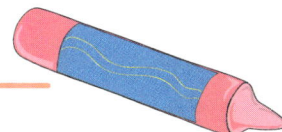

m
á
l
a
s
c
o
i
l
e

3 Dathaigh:

(a) an leaba

(b) an doras

(c) an teidí

(d) an clog

(e) an cófra

Téamaí: An Aimsir, Caitheamh Aimsire, Sa Bhaile, An Scoil.

13

4 Cuardach focal

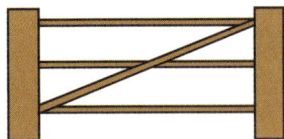

éan
nead
péist
crann
coinín
geata

t	r	c	o	i	n	í	n	n	a
t	g	e	a	t	a	a	í	d	i
a	e	a	b	u	r	t	é	a	d
p	é	i	s	t	p	á	d	l	l
p	o	a	t	á	n	a	é	a	n
l	e	a	g	s	n	n	e	a	d
m	ú	c	e	c	r	a	n	n	d

5 Scríobh isteach na focail chearta.

an ghrian, sneachta, Lá fuar, Lá breá, Lá fliuch, Lá gaofar

(a) _____ _____ atá ann.

(b) _____ _____ atá ann.

(c) _____ _____ atá ann.

(d) _____ _____ atá ann.

(e) Tá _____ _____ ag taitneamh sa spéir.

(f) Tá sé ag cur _____ .

6 Ceart (✓) nó mícheart (✗)?

(a) doras _____

(b) balla _____

(c) cófra _____

(d) leaba _____

(e) clog 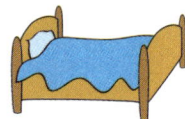 _____

(f) teidí  _____

7 **Scríobh agus tarraing.**

(a) lón	**(b)** peann	**(c)** crián
(d) iris	**(e)** leabhar	**(f)** mála scoile

8 **Bí ag scríobh.**

(a) mála + scoile = mála scoile   **(b)** cri + án =

(c) ló + n =   **(d)** ir + is =

(e) pea + nn =   **(f)** leab + har =

9 **Scríobh isteach na focail chearta agus dathaigh.**

coinín, éan, péist, nead, geata, crann

1	2	3	4	5	6	7	8	9	Iomlán
/5	/5	/5	/6	/6	/6	/6	/5	/6	/50

6

Mo Dhinnéar

Dé Luain

Liosta focal

Dé Luain
dinnéar
sicín

Dé Máirt
prátaí
cairéid

Dé Céadaoin
deoch
milseog

Déardaoin
Dul siar ar an liosta.

Féach

Abair

Clúdaigh

Scríobh

Seiceáil

Foghlaim:
dinnéar

sicín

Bí ag cleachtadh!

Scríobh na focail nua.

_____

_____

Focail agus frásaí nua

dinnéar

prátaí

milseog

deoch

sicín

cairéid

---

1 **Scríobh agus dathaigh.**

(a)

(b)

(c)

(d)

(e)

(f)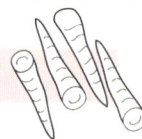

---

2 **Scríobh agus dathaigh.**

Focail / Frásaí breise: _____

_____

Téama: Bia.

Dé Máirt

Foghlaim:	Bí ag cleachtadh!
prátaí cairéid	Scríobh na focail nua.

Dé Céadaoin

Foghlaim:	Bí ag cleachtadh!
deoch milseog	Scríobh na focail nua.

1 Scríobh an focal ceart in aice le gach pictiúr.

(a) milseog

(b)

(c)

(d)

(e)

(f)

2 Ceangail agus scríobh.

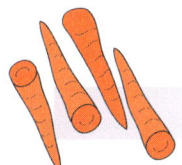

dinnéar
sicín
prátaí
cairéid
deoch
milseog

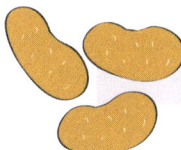

dinnéar

1 Cuardach focal

milseog
dinnéar
sicín
prátaí
cairéid
deoch

l	e	a	d	i	n	n	é	a	r
a	g	s	i	r	l	i	r	n	a
a	g	p	r	á	t	a	í	h	d
c	o	c	a	i	r	é	i	d	o
t	t	u	a	s	i	c	í	n	i
a	g	c	d	e	o	c	h	l	g
m	a	m	i	l	s	e	o	g	h

Déardaoin Dul Siar ar an tSeachtain

1 Crosfhocal

dinnéar
sicín
prátaí
cairéid
deoch
milseog

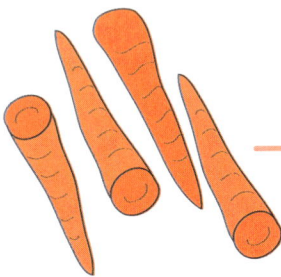

m _ _ _ _ g
_ _ o _ _
d _ _ é _ _
_ h i _ _
c _ _ é _ _
_ _ r _ _ í

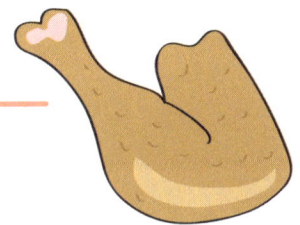

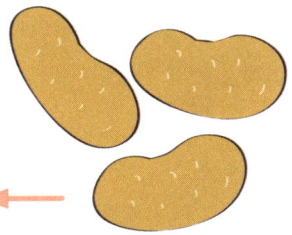

2 Tástáil thú féin! Scríobh na focail.

Féach agus abair.	Clúdaigh, scríobh agus seiceáil.	✓ nó ✗	Scríobh arís.	✓ nó ✗
dinnéar				
sicín				
prátaí				
cairéid				
deoch				
milseog				

/6

Ar Scoil

Dé Luain

Liosta focal

Dé Luain
múinteoir
mála scoile

Dé Máirt
peann
clog

Dé Céadaoin
clár bán
dalta

Déardaoin
Dul siar ar an liosta.

Féach

Abair

Clúdaigh

Scríobh

Seiceáil

Foghlaim:

múinteoir

mála scoile

Bí ag cleachtadh!

Scríobh na focail nua.

_____

_____

Focail agus frásaí nua

múinteoir

clár bán

clog

$10+5=15$

peann

dalta

mála scoile

---

1 Scríobh an focal ceart in aice le gach pictiúr.

(a)  dalta

(b)  _____

(c)  _____

(d) _____

(e)  _____

(f)  _____

---

2 Dathaigh:

(a) an peann
(b) an clár bán
(c) an múinteoir
(d) an clog
(e) na daltaí
(f) an mála scoile

Focail / Frásaí breise: _____

_____

Dé Máirt

Foghlaim:

peann

clog

Bí ag cleachtadh!

Scríobh na focail nua.

_____

Dé Céadaoin

Foghlaim:

clár bán

dalta

Bí ag cleachtadh!

Scríobh na focail nua.

_____

---

1 Ceart (✓) nó mícheart (✗)?

(a) peann   ✓

(b) múinteoir

(c) mála scoile

(d) dalta

(e) clár bán

(f) clog

---

2 Cuardach focal

clog
múinteoir
dalta
peann
mála scoile
clár bán

s	s	p	e	n	c	l	o	g	g
s	i	g	d	a	l	t	a	s	t
g	c	l	á	r	b	á	n	h	a
a	e	l	é	r	n	e	e	b	e
m	á	l	a	s	c	o	i	l	e
h	n	p	e	a	n	n	n	h	c
m	ú	i	n	t	e	o	i	r	o

---

1 Bí ag scríobh.

(a) mála + scoile =   mála scoile

(b) pe + ann   =

(c) clár + bán   =

(d) cl + og   =

(e) múin + teoir   =

(f) dal + ta   =

Déardaoin Dul Siar ar an tSeachtain

1 Crosfhocal

múinteoir	mála scoile	dalta
peann	clog	clár bán

p a r

c r

á s i

c

o

i t

d l

2 Tástáil thú féin! Scríobh na focail.

Féach agus abair.	Clúdaigh, scríobh agus seiceáil.	✓ nó ✗	Scríobh arís.	✓ nó ✗
múinteoir				
peann				
mála scoile				
clár ban				
clog				
dalta				

/6

8

Oíche Shamhna

Dé Luain

Liosta focal

Dé Luain
masc
balúin

Dé Máirt
fáinne
úll

Dé Céadaoin
púca
scuab

Déardaoin
Dul siar ar an liosta.

Féach

Abair

Clúdaigh

Scríobh

Seiceáil

Foghlaim:
masc
balúin

Bí ag cleachtadh!

Scríobh na focail nua.

_____
_____

Focail agus frásaí nua

púca · balúin · fáinne · masc · úll · scuab

---

1 **Scríobh an focal ceart in aice le gach pictiúr.**

(a) balúin

(b) _____

(c) _____

(d) _____

(e) _____

(f) _____

---

2 **Dathaigh:**

(a) an t-úll
(b) na balúin
(c) an fáinne
(d) an masc
(e) an púca
(f) an scuab

Focail / Frásaí breise: _____
_____

Téama: Ócáidí Speisialta.

Dé Máirt		Dé Céadaoin	
Foghlaim:	**Bí ag cleachtadh!**	**Foghlaim:**	**Bí ag cleachtadh!**
fáinne úll	Scríobh na focail nua. _____ _____	púca  scuab	Scríobh na focail nua. _____ _____

1 Ceart (✓) nó mícheart (✗)?

(a) fáinne   ✓

(b) balúin

(c) úll

(d) púca

(e) masc

(f) scuab

2 Cuardach focal

púca
masc
balúin
úll
fáinne
scuab

s	m	a	s	c	r	t	a	s	t
g	c	s	c	u	a	b	b	h	a
a	e	l	ú	l	l	e	e	b	e
m	á	b	a	l	ú	i	n	l	e
s	s	p	e	n	c	l	r	g	g
h	n	p	ú	c	a	c	n	h	c
m	ú	i	f	á	i	n	n	e	o

1 Bí ag scríobh.

(a) fá + inne = *fáinne*   **(b)** scu + ab =

(c) bal + úin =   **(d)** ú + ll =

(e) pú + ca =   **(f)** ma + sc =

Déardaoin Dul Siar ar an tSeachtain

1 Crosfhocal

púca
masc
scuab
fáinne
balúin

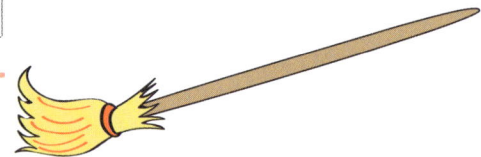

```
      O
      í
      c
      h
      e

      S
      h
      a    n
      m
      h
  f   n
  s   a
```

2 Tástáil thú féin! Scríobh na focail.

Féach agus abair.	Clúdaigh, scríobh agus seiceáil.	✓ nó ✗	Scríobh arís.	✓ nó ✗
balúin				
púca				
masc				
úll				
scuab				
fáinne				

/6

24 Conas a rinne tú? 🙂 ⚪ 😐 ⚪ ☹ ⚪ Taifead do chuid torthaí ar leathanach 110.

Gníomhartha – Ar Scoil  9

Dé Luain

Liosta focal

Dé Luain
ag ciceáil
ag péinteáil

Dé Máirt
ag súgradh
ag léim

Dé Céadaoin
ag scríobh
ag léamh

Déardaoin
Dul siar ar an liosta.

Féach

Abair

Clúdaigh

Scríobh

Seiceáil

Foghlaim:

ag ciceáil

ag péinteáil

Bí ag cleachtadh!

Scríobh na focail nua.

_____

_____

Focail agus frásaí nua

ag léim

ag ciceáil

ag péinteáil

ag léamh

ag súgradh

ag scríobh

---

1 Ceangail agus scríobh.

ag léim

ag léim
ag scríobh
ag léamh
ag súgradh
ag ciceáil
ag péinteáil

---

2 Scríobh isteach na focail chearta.

(a) Tá Mairéad  ag scríobh . (b) Tá Fergus  _____ .

(c) Tá Ricí _____ . (d) Tá Sinéad _____ .

(e) Tá Niall _____ . (f) Tá Nuala _____ .

Focail / Frásaí breise:

_____

_____

Dé Máirt

Foghlaim:

ag súgradh

ag léim

Bí ag cleachtadh!

Scríobh na focail nua.

_____

_____

Dé Céadaoin

Foghlaim:

ag scríobh

ag léamh

Bí ag cleachtadh!

Scríobh na focail nua.

_____

_____

1 Bí ag scríobh.

(a)	ag léamh	ag léamh	ag léamh	ag léamh
(b)	ag ciceáil	ag ciceáil		
(c)	ag súgradh	ag súgradh		
(d)	ag péinteáil	ag péinteáil		
(e)	ag scríobh	ag scríobh		
(f)	ag léim	ag léim		

2 Cuardach focal

ag ciceáil
ag léamh
ag súgradh
ag léim
ag scríobh

l	e	a	a	g	l	é	a	m	h
a	g	s	i	r	l	i	r	n	a
a	g	s	ú	g	r	a	d	h	d
c	o	i	a	g	l	é	i	m	l
t	t	u	a	g	r	l	s	d	i
a	g	c	i	c	e	á	i	l	g
m	a	g	s	c	r	í	o	b	h

1 Scríobh agus dathaigh.

(a)

(b)

(c)

(d)

(e)

(f)

Déardaoin Dul Siar ar an tSeachtain

1 Crosfhocal

ag léim	ag léamh	ag péinteáil
ag ciceáil	ag súgradh	ag scríobh

a					m	

| g | | | | í | | |

g		ú		

| a | | l | | |

	p					l

| g | | c | | | | |

2 Tástáil thú féin! Scríobh na focail.

Féach agus abair.	Clúdaigh, scríobh agus seiceáil.	✓ nó ✗	Scríobh arís.	✓ nó ✗
ag léamh				
ag péinteáil				
ag súgradh				
ag léim				
ag ciceáil				
ag scríobh				

/ 6

Dul Siar

1 Ceangail agus scríobh.

ag léim

ag léim
ag súgradh
ag ciceáil
ag léamh
ag péinteáil
ag scríobh

2 Crosfhocal

sicín
prátaí
cairéid
deoch
milseog

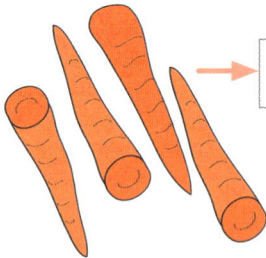

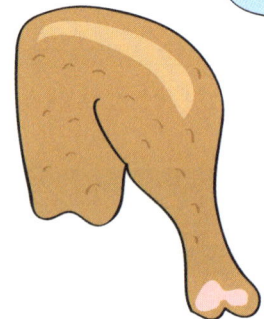

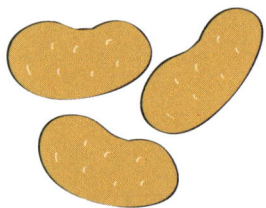

```
            m
  m _ _ _ _ o  ← 
            d _ _ c _  ← 
            h
c _ _ _ _   i
    _ c _ _ n  ← 
            n
            é
_ _ _ t     a
            r
```

3 Dathaigh:

(a) an mála scoile

(b) an clár bán

(c) na daltaí

(d) an clog

(e) an peann

(f) an múinteoir

Téamaí: Bia, An Scoil, Ócáidí Speisialta.

4 Cuardach focal

masc
balúin
úll
scuab
púca
fáinne

a	e	l	ú	l	l	e	e	b	e
m	á	b	a	l	ú	i	n	l	e
s	f	á	i	n	n	e	r	g	g
h	n	p	ú	c	a	c	n	h	c
s	i	g	d	a	r	t	a	s	t
m	ú	i	m	a	s	c	b	e	o
g	c	s	c	u	a	b	b	h	a

5 Scríobh isteach na focail chearta.

dalta, clog, múinteoir, mála scoile, peann

(a) Tá an _____ ag an gclár bán.

(b) Tá an _____ ina suí ar an gcathaoir.

(c) Tá an múinteoir ag scríobh leis an  bp_____ .

(d) Tá an _____ ar an urlár.

(e) Tá an _____ ar an mballa.

6 Ceart (✓) nó mícheart (✗)?

(a) clog _____

(b) peann _____

(c) clár bán _____

(d) dalta  _____

(e) múinteoir  _____

(f) mála scoile  _____

7 Scríobh agus tarraing.

(a) masc	(b) balúin	(c) fáinne
(d) úll	(e) púca	(f) scuab

8 Bí ag scríobh.

(a) din + néar = **dinnéar**   (b) sic + ín =

(c) prá + taí =   (d) cair + éid =

(e) de + och =   (f) mi + lseog =

9 Scríobh isteach na focail chearta agus dathaigh.

ag léamh, ag súgradh, ag léim, ag ciceáil, ag scríobh, ag péinteáil

1	2	3	4	5	6	7	8	9	Iomlán
/5	/5	/6	/6	/5	/6	/6	/5	/6	/50

Conas a rinne tú? Taifead do chuid torthaí ar leathanach 110.

Éadaí

11

Dé Luain

Liosta focal

Dé Luain
geansaí
veist

Dé Máirt
léine
sciorta

Dé Céadaoin
bríste
stocaí

Déardaoin
Dul siar ar an liosta.

Féach

Abair

Clúdaigh

Scríobh

Seiceáil

Foghlaim:
geansaí

veist

Bí ag cleachtadh!

Scríobh na focail nua.

_____

_____

Focail agus frásaí nua

léine

geansaí

veist

sciorta

bríste

stocaí

---

1 Ceangail agus scríobh.

bríste
stocaí
geansaí
léine
veist
sciorta

bríste

---

2 Scríobh agus dathaigh.

(a)

(b)

(c)

(d)

Focail / Frásaí breise:

_____

_____

Téama: Éadaí.

Dé Máirt

Foghlaim:
léine
sciorta

Bí ag cleachtadh!
Scríobh na focail nua.

Dé Céadaoin

Foghlaim:
bríste
stocaí

Bí ag cleachtadh!
Scríobh na focail nua.

1 Bí ag scríobh.

(a) léine   léine   léine   léine
(b) bríste   bríste
(c) stocaí   stocaí
(d) veist   veist
(e) sciorta sciorta
(f) geansaí geansaí

2 Cuardach focal

sciorta
bríste
veist
léine
stocaí
geansaí

b	e	l	é	i	n	e	e	t	a
s	i	g	p	a	a	n	r	n	p
s	s	c	i	o	r	t	a	n	r
h	n	v	e	i	s	t	á	r	f
i	g	e	a	n	s	a	í	r	t
c	s	t	o	c	a	í	á	i	a
s	i	b	r	í	s	t	e	a	l

1 Bí ag scríobh.

(a) scior + ta = sciorta
(b) stoc + aí   =
(c) gean + saí =
(d) lé + ine   =
(e) brís + te   =
(f) ve + ist   =

32

Déardaoin Dul Siar ar an tSeachtain

1 Crosfhocal

sciorta
bríste
geansaí
léine
stocaí

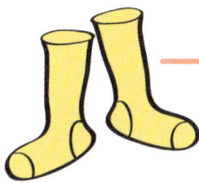

m
c o
é
a í
d
s a
í

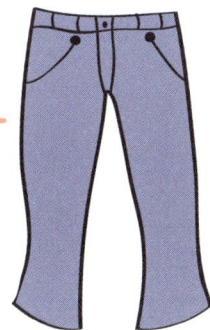

2 Tástáil thú féin! Scríobh na focail.

Féach agus abair.	Clúdaigh, scríobh agus seiceáil.	✓ nó ✗	Scríobh arís.	✓ nó ✗
sciorta				
bríste				
veist				
geansaí				
léine				
stocaí				

/6

12  Ag Féachaint ar an Teilifís

Dé Luain

Liosta focal

Dé Luain
teilifís
tolg

Dé Máirt
lampa
solas

Dé Céadaoin
tine
cófra

Déardaoin
Dul siar ar an liosta.

Féach

Abair

Clúdaigh

Scríobh

Seiceáil

Foghlaim:
teilifís
tolg

Bí ag cleachtadh!
Scríobh na focail nua.

_____

_____

Focail agus frásaí nua

teilifís · solas · cófra · tolg · lampa · tine

1 Ceangail agus scríobh.

tine

tine
cófra
lampa
solas
tolg
teilifís

2 Scríobh agus dathaigh.

(a)

(b)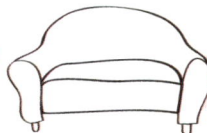

(c)

(d)

Focail / Frásaí breise:

_____

_____

Téama: Teilifís.

Dé Máirt

Foghlaim:	Bí ag cleachtadh!
lampa  solas	Scríobh na focail nua. _____

Dé Céadaoin

Foghlaim:	Bí ag cleachtadh!
tine cófra	Scríobh na focail nua. _____

---

1 **Bí ag scríobh.**

(a)   solas   solas   solas   solas

(b)   tine   tine

(c)   cófra   cófra

(d)   lampa   lampa

(e)   tolg   tolg

(f)   teilifís   teilifís

---

2 **Cuardach focal**

| lampa |
| tolg |
| tine |
| cófra |
| solas |
| teilifís |

t	o	l	g	a	r	t	a	s	t
g	c	s	c	r	a	b	b	h	a
a	e	l	s	o	l	a	s	b	e
t	i	n	e	l	ú	c	n	l	e
s	s	l	a	m	p	a	r	g	g
h	n	t	e	i	l	i	f	í	s
m	ú	i	c	ó	f	r	a	e	o

---

1 **Bí ag scríobh.**

(a) ti + ne   =   tine

(b) lam + pa =

(c) sol + as =

(d) teil + ifís =

(e) cóf + ra =

(f) to + lg   =

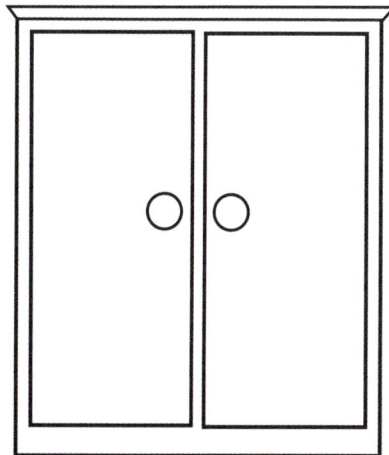

Déardaoin Dul Siar ar an tSeachtain

1 Crosfhocal

cófra
lampa
solas
tine
teilifís
tolg

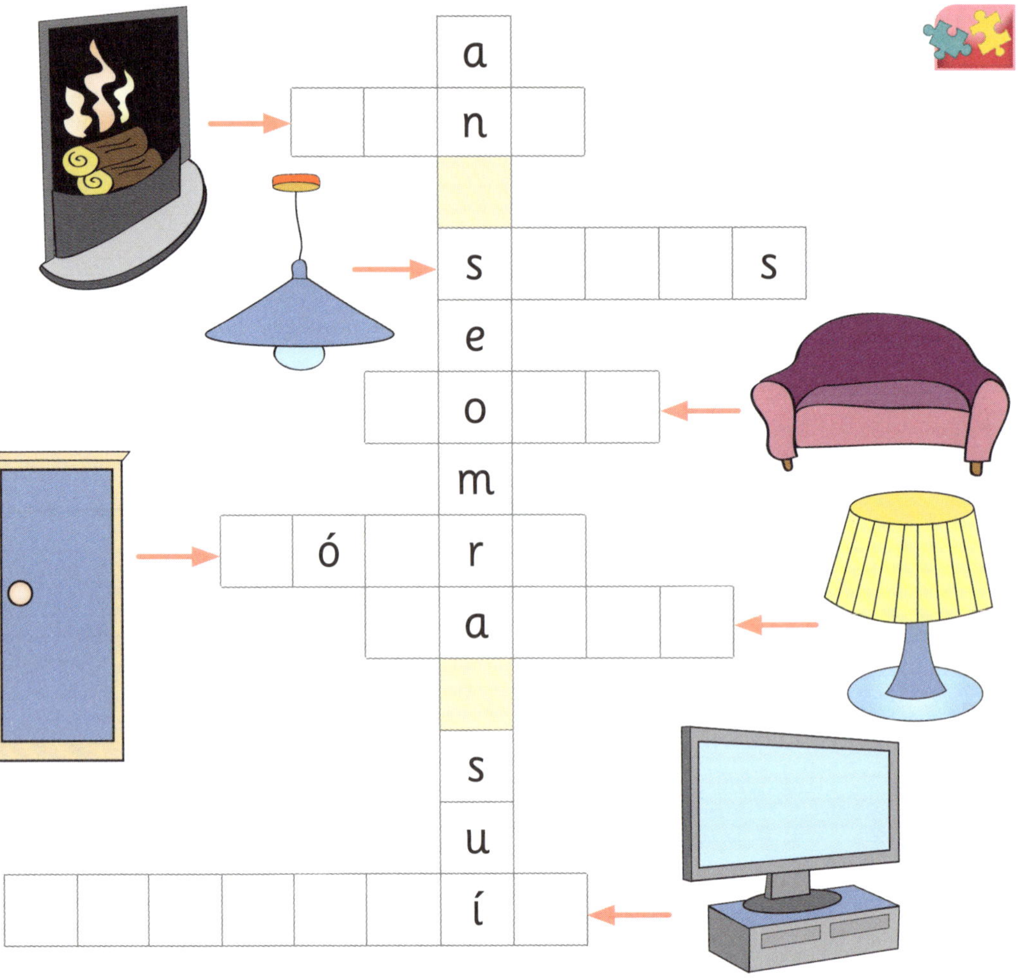

Crossword grid with clues:

a
n
s _ _ s
s
e
o
ó _ _ r
m
r
a
s
u
í

2 Tástáil thú féin! Scríobh na focail.

Féach agus abair.	Clúdaigh, scríobh agus seiceáil.	✓ nó ✗	Scríobh arís.	✓ nó ✗
cófra 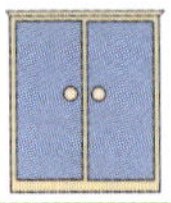				
lampa 				
solas 				
tine 				
tolg 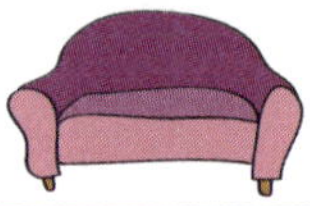				
teilifís 				

/6

Conas a rinne tú? Taifead do chuid torthaí ar leathanach 110.

An Siopa

Dé Luain

Liosta focal

Dé Luain
airgead
im

Dé Máirt
sicín
prátaí

Dé Céadaoin
trátaí
cáis

Déardaoin
Dul siar ar an liosta.

Féach

Abair

Clúdaigh

Scríobh

Seiceáil

Foghlaim:
airgead

im

Bí ag cleachtadh!

Scríobh na focail nua.

_____

_____

Focail agus frásaí nua

trátaí

airgead

cáis

prátaí

sicín

im

---

1 **Scríobh an focal ceart in aice le gach pictiúr.**

(a) 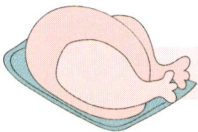 sicín

(b)

(c)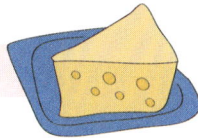

(d)

(e)

(f)

---

2 **Dathaigh:**

(a) na prátaí
(b) an cháis
(c) an t-im
(d) na trátaí
(e) an sicín
(f) an t-airgead

Focail / Frásaí breise: _____

_____

Dé Máirt

Foghlaim:

sicín

prátaí

Bí ag cleachtadh!

Scríobh na focail nua.

Dé Céadaoin

Foghlaim:

trátaí

cáis

Bí ag cleachtadh!

Scríobh na focail nua.

1 **Ceart (✓) nó mícheart (✗)?**

(a) airgead   ✓

(b) im

(c) prátaí

(d) trátaí

(e) cáis

(f) sicín

2 **Scríobh isteach an focal ceart.**

(a) Tá dath dearg ar na _____ .

(b) Tá dath donn ar na _____ .

(c) Tá _____ sa tralaí.

(d) Tá _____ sa tralaí freisin.

(e) Tá _____ ag Seán.

(f) Tá _____ ar an tseilf.

1 **Cuardach focal**

airgead
cáis
sicín
trátaí
im
prátaí

c	e	a	c	á	i	s	é	a	r
a	g	s	i	r	l	i	r	n	a
a	g	s	i	c	í	n	í	h	d
c	o	a	i	r	g	e	a	d	í
t	t	u	a	t	r	á	t	a	í
a	g	c	i	m	o	c	h	l	g
m	a	p	r	á	t	a	í	g	h

Déardaoin Dul Siar ar an tSeachtain

1 Crosfhocal

im	cáis	prátaí
trataí	sicín	airgead

a ... d

... í n

c ... s

... i

... o

... p á ...

... t a

2 Tástáil thú féin! Scríobh na focail.

Féach agus abair.	Clúdaigh, scríobh agus seiceáil.	✓ nó ✗	Scríobh arís.	✓ nó ✗
cáis				
sicín				
airgead				
trataí				
im				
prátaí				

/6

14 An Chéad Nollaig

Dé Luain

Liosta focal

Dé Luain
Íosa
bó

Dé Máirt
aingeal
aoire

Dé Céadaoin
rí
réalta

Déardaoin
Dul siar ar an liosta.

Féach

Abair

Clúdaigh

Scríobh

Seiceáil

Foghlaim:
Íosa
bó

Bí ag cleachtadh!
Scríobh na focail nua.
_____
_____

Focail agus frásaí nua

aingeal réalta bó rí aoire Íosa

1 Scríobh an focal ceart in aice le gach pictiúr.

(a)

(b)

(c)  (d)

(e)  (f)

2 Aimsigh an freagra agus dathaigh.

(a) 9 – 5 = buí
(b) 10 – 7 = donn
(c) 8 – 6 = gorm
(d) 10 – 1 = dearg

 4
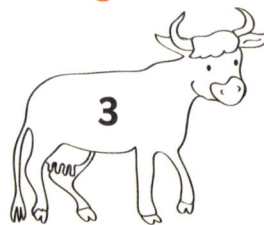 3
 9
 2

Focail / Frásaí breise:
_____
_____

Téama: Ócáidí Speisialta.

Dé Máirt

Foghlaim:	Bí ag cleachtadh!
aingeal  aoire	**Scríobh na focail nua.** _____ _____

Dé Céadaoin

Foghlaim:	Bí ag cleachtadh!
rí réalta	**Scríobh na focail nua.** _____ _____

---

1 **Ceart (✓) nó mícheart (✗)?**

(a) bó  ✓

(b) réalta

(c) Iósa

(d) aoire

(e) aingeal

(f) rí

---

2 **Ceangail agus scríobh.**

 Íosa

Íosa
aingeal
rí
aoire
réalta
bó

---

1 **Cuardach focal**

aingeal
Íosa
aoire
bó
rí
réalta

t	r	l	g	a	r	Í	o	s	a
g	c	s	c	r	a	b	b	h	a
a	e	a	o	i	r	e	s	b	e
t	i	n	a	i	n	g	e	a	l
s	s	p	r	é	a	l	t	a	g
h	n	t	e	r	l	i	f	b	ó
m	ú	i	r	í	f	r	a	e	o

41

Déardaoin Dul Siar ar an tSeachtain

1 Crosfhocal

Íosa
aoire
réalta
rí
bó
aingeal

a _ _ _ _ l

a
n
c
h
é _ _ t _
a
d
_ _ _ _
N
o _ _ _ _
l
l
a _ _ _ e
i
g

2 Tástáil thú féin! Scríobh na focail.

Féach agus abair.	Clúdaigh, scríobh agus seiceáil.	✓ nó ✗	Scríobh arís.	✓ nó ✗
Íosa				
aoire				
réalta				
rí				
bó				
aingeal				

/6

Conas a rinne tú? 🙂 ⚪ 😐 ⚪ ☹️ ⚪   Taifead do chuid torthaí ar leathanach 110.

Dul Siar

1 Ceangail agus scríobh.

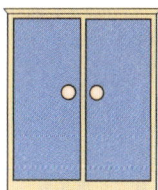

tine

| tine |
| cófra |
| lampa |
| solas |
| tolg |
| teilifís |

2 Crosfhocal

| prátaí | airgead | trátaí |
| sicín | cáis | im |

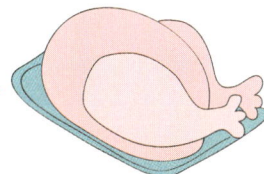

t _ _ _ a _

a
n
_ _ _
s _ _ _
c _ i
o
p _ _ _ _ í
a _ _ _ d

3 Dathaigh:

(a) an veist

(b) an léine

(c) an bríste

(d) an geansaí

(e) an sciorta

(f) na stocaí

Téamaí: Éadaí, Teilifís, Siopadóireacht, Ócáidí Speisialta.

4 Cuardach focal

bó
Íosa
rí
aingeal
réalta
aoire

s	r	é	a	l	t	a	s	p	g
t	r	l	g	a	r	Í	o	s	a
b	ó	t	e	r	l	i	f	h	n
a	e	a	o	i	r	e	s	b	e
g	c	s	c	r	a	b	b	h	a
t	a	i	n	g	e	a	l	t	i
m	ú	i	r	a	f	r	r	í	o

5 Scríobh isteach na focail chearta.

sicín, trátaí, im, airgead, prátaí, cáis

(a) Tá _____ ag fás sa ghort.

(b) Tá an t-____ sa chuisneoir.

(c) Tá an _____ sa chuisneoir freisin.

(d) Cheannaigh Daidí _____ sa siopa.

(e) Cheannaigh Seán _____ sa siopa.

(f) Tá _____ sa sparán.

Prátaí

6 Ceart (✓) nó mícheart (✗)?

(a) réalta ✓

(b) aoire ____

(c) rí ____

(d) bó ____

(e) aingeal ____

(f) Íosa ____

7 **Scríobh agus tarraing.**

(a) teilifís	**(b)** tolg	**(c)** lampa
(d) solas	**(e)** tine	**(f)** cófra

8 **Bí ag scríobh.**

(a) vei + st = veist

(b) brí + ste =

(c) lé + ine =

(d) gean + saí =

(e) scior + ta =

(f) stoc + aí =

9 **Scríobh isteach na focail chearta agus dathaigh.**

rí, aingeal, bó, aoire, Íosa, réalta

rí

1	2	3	4	5	6	7	8	9	**Iomlán**
/5	/6	/6	/6	/6	/5	/6	/5	/5	/50

Conas a rinne tú? 😊 ⚪ 😐 ⚪ ☹️ ⚪ **Taifead do chuid torthaí ar leathanach 110.**

45

16 Mo Bhricfeasta

Dé Luain

Liosta focal

Dé Luain
ag ól
subh

Dé Máirt
arán
ag ithe

Dé Céadaoin
ubh
bainne

Déardaoin
Dul siar ar an liosta.

Féach

Abair

Clúdaigh

Scríobh

Seiceáil

Foghlaim:
ag ól
subh

Bí ag cleachtadh!
Scríobh na focail nua.

Focail agus frásaí nua

ubh · ag ithe · ag ól · bainne · arán · subh

1 Scríobh an focal ceart in aice le gach pictiúr.

(a) ubh
(b)
(c)
(d)
(e)
(f)

2 Dathaigh:

(a) an t-arán
(b) an ubh
(c) an bainne
(d) an tsubh

Focail / Frásaí breise:

Téama: Bia.

Dé Máirt

Foghlaim:	Bí ag cleachtadh!
arán  ag ithe	Scríobh na focail nua. _____ _____

Dé Céadaoin

Foghlaim:	Bí ag cleachtadh!
ubh  bainne	Scríobh na focail nua. _____ _____

1 **Ceart (✓) nó mícheart (✗)?**

(a) subh   ✓

(b) arán

(c) ag ithe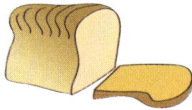

(d) ubh

(e) bainne

(f) ag ól

2 **Cuardach focal**

subh
arán
bainne
ag ól
ubh
ag ithe

a	e	a	s	u	b	h	i	g	d
a	g	ó	l	t	ú	i	r	n	a
t	t	u	r	g	r	a	s	d	i
l	e	a	a	r	á	n	e	a	d
c	o	i	b	a	i	n	n	e	l
p	a	g	i	t	h	e	a	r	g
m	ú	c	u	b	h	s	t	n	d

1 **Scríobh isteach na focail chearta.**

(a) Tá Síle _____ sú oráiste.

(b) Thóg Daidí an _____ t-_____ as an gcófra.

(c) Chuir Síle _____ ar an tósta.

(d) Tá Mamaí ag ól _____ .

(e) Tá Ruairí _____ a bhricfeasta.

(f) Tá _____ san ubhchupán.

Déardaoin Dul Siar ar an tSeachtain

1 Crosfhocal

m
o
b _ _ _ _ e
h
r
i
c
f
e
a _ i _ _
s _
t
a _ _

ag ithe
bainne
ubh
ag ól
arán
subh

2 Tástáil thú féin! Scríobh na focail.

Féach agus abair.	Clúdaigh, scríobh agus seiceáil.	✓ nó ✗	Scríobh arís.	✓ nó ✗
subh				
ag ól				
arán				
bainne				
ag ithe				
ubh				

/6

An Corp

17

Dé Luain

Liosta focal

Dé Luain
súil (súile)
gruaig

Dé Máirt
cluas (cluasa)
béal

Dé Céadaoin
srón
fiacla

Déardaoin
Dul siar ar an liosta.

Féach

Abair

Clúdaigh

Scríobh

Seiceáil

Foghlaim:

súil (súile)

→ gruaig

Bí ag cleachtadh!

Scríobh na focail nua.

Focail agus frásaí nua

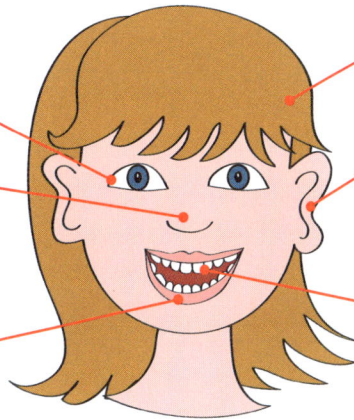

súil (súile)   gruaig

srón   cluas (cluasa)

béal   fiacla

❶ Scríobh an focal ceart in aice le gach pictiúr.

(a)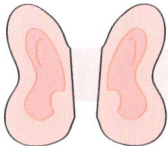

(b)

(c)

(d)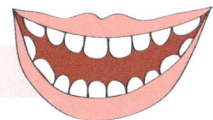

(e)

(f)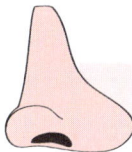

❷ Dathaigh:

(a) an tsrón (*gorm*)

(b) na fiacla (*bán*)

(c) an béal (*dearg*)

(d) na súile (*glas*)

(e) an ghruaig (*buí*)

Focail / Frásaí breise:

Dé Máirt

Foghlaim:
cluas (cluasa)
béal

Bí ag cleachtadh!
Scríobh na focail nua.

Dé Céadaoin

Foghlaim:
srón
fiacla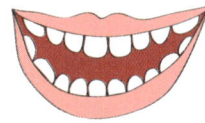

Bí ag cleachtadh!
Scríobh na focail nua.

---

1 Ceart (✓) nó mícheart (✗)?

(a) gruaig ✓

(b) srón

(c) súile

(d) fiacla

(e) béal

(f) cluasa

2 Cuardach focal

gruaig
súil
srón
béal
fiacla
cluas

a	e	a	g	r	u	a	i	g	d
s	r	ó	n	t	ú	i	r	n	a
t	t	u	r	g	r	a	s	d	i
l	e	a	b	é	a	l	e	a	d
c	o	i	s	ú	i	l	d	l	l
p	f	i	a	c	l	a	a	r	g
m	ú	c	l	u	a	s	t	n	d

1 Scríobh isteach an focal ceart.

(a) Tá _____ bréige ag Mamó.

(b) Tá _____ deasa agam.

(c) Tá _____ mhór ag Daideo.

(d) Tá _____ mór ag Stiofán.

(e) Tá _____ gorma ag Liam.

(f) Tá _____ álainn ar Mhamaí.

Déardaoin Dul Siar ar an tSeachtain

1 Crosfhocal

béal
súile
gruaig
cluasa
fiacla
srón

f
s
a
s
é l
g
r

2 Tástáil thú féin! Scríobh na focail.

Féach agus abair.	Clúdaigh, scríobh agus seiceáil.	✓ nó ✗	Scríobh arís.	✓ nó ✗
gruaig				
súil (súile)				
srón				
béal				
fiacla				
cluas (cluasa)				

/6

Conas a rinne tú? 😊 ⚪ 😐 ⚪ ☹️ ⚪ Taifead do chuid torthaí ar leathanach 110. **51**

18 Gníomhartha – Sa Bhaile

Dé Luain

Liosta focal

Dé Luain
ag siúl
ag ithe

Dé Máirt
ag gáire
ag rith

Dé Céadaoin
ag ól
ag ní

Déardaoin
Dul siar ar an liosta.

Féach

Abair

Clúdaigh

Scríobh

Seiceáil

Foghlaim:
ag siúl

ag ithe

Bí ag cleachtadh!
Scríobh na focail nua.

_____

_____

Focail agus frásaí nua

ag gáire

ag ól

ag ithe

ag ní

ag siúl

ag rith

---

1 Ceangail agus scríobh.

ag rith
ag ithe
ag ól
ag ní
ag gáire
ag siúl

ag rith

---

2 Scríobh isteach na focail chearta.

(a) Tá Liam   ag ní .

(b) Tá Síle _____.

(c) Tá Seán _____.

(d) Tá Ruairí _____.

(e) Tá Máire _____.

(f) Tá Niamh _____.

Focail / Frásaí breise: _____

_____

Dé Máirt

Foghlaim:	Bí ag cleachtadh!
ag gáire	**Scríobh na focail nua.**
ag rith	

Dé Céadaoin

Foghlaim:	Bí ag cleachtadh!
ag ól	**Scríobh na focail nua.**
ag ní	

1 Bí ag scríobh.

(a) ag ól   ag ól   ag ól   ag ól

(b) ag gáire   ag gáire

(c) ag rith   ag rith

(d) ag ithe   ag ithe

(e) ag ní   ag ní

(f) ag siúl   ag siúl

2 Cuardach focal

ag rith	ag gáire	ag siúl
ag ól	ag ithe	ag ní

a	g	s	i	ú	l	i	r	n	a
t	t	u	a	g	ó	l	s	d	i
l	e	a	a	g	g	á	i	r	e
a	e	a	s	r	b	h	i	g	d
c	o	i	a	g	i	t	h	e	l
p	a	g	r	i	t	h	a	r	g
m	ú	c	a	g	n	í	t	n	d

1 Scríobh agus dathaigh.

(a)

(b)

(c)

(d)

(e)

(f)

53

Déardaoin Dul Siar ar an tSeachtain

1 Crosfhocal

ag ól
ag ní
ag gáire
ag ithe
ag rith
ag siúl

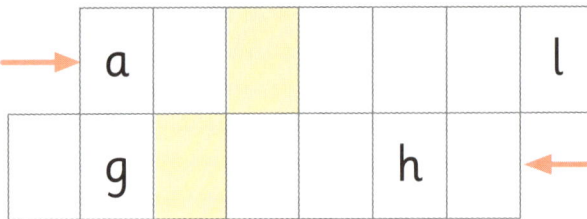

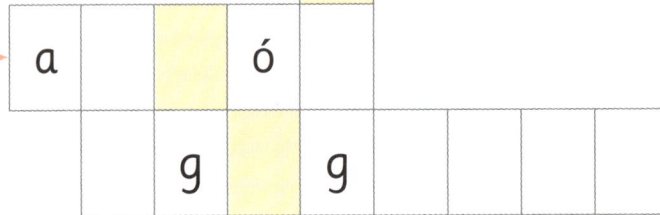

| a | | | | | | l |
| g | | | h | | |

| g | | |
| a | | | h |

| a | | ó |
| | g | | g | |

2 Tástáil thú féin! Scríobh na focail.

Féach agus abair.	Clúdaigh, scríobh agus seiceáil.	✓ nó ✗	Scríobh arís.	✓ nó ✗
ag siúl				
ag ól				
ag gáire				
ag ithe				
ag rith				
ag ní				

/6

Conas a rinne tú? 😊 ⬜ 😐 ⬜ ☹️ ⬜   Taifead do chuid torthaí ar leathanach 110.

An Chistin

19

Dé Luain

Liosta focal

Dé Luain
scian
pláta

Dé Máirt
spúnóg
forc

Dé Céadaoin
cupán
babhla

Déardaoin
Dul siar ar an liosta.

Féach

Abair

Clúdaigh

Scríobh

Seiceáil

Foghlaim:
scian
pláta

Bí ag cleachtadh!

Scríobh na focail nua.

_____

_____

Focail agus frásaí nua

babhla
pláta
forc
spúnóg
scian
cupán

---

1 Scríobh agus dathaigh.

(a)

(b)

(c)

(d)

(e)

(f)

---

2 Aimsigh an freagra agus dathaigh.

(a) 4 + 2 = dearg

(b) 6 + 3 = glas

(c) 1 + 4 = gorm

(d) 6 + 6 = buí

5

12

6

9

Focail / Frásaí breise:

_____

_____

Dé Máirt

Foghlaim:	Bí ag cleachtadh!
spúnóg	**Scríobh na focail nua.**
forc	

Dé Céadaoin

Foghlaim:	Bí ag cleachtadh!
cupán	**Scríobh na focail nua.**
babhla	

1 Scríobh an focal ceart in aice le gach pictiúr.

(a) cupán

(b)

(c)

(d)

(e)

(f)

2 Ceangail agus scríobh.

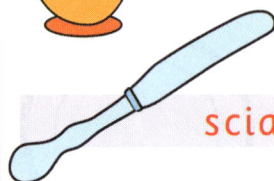

scian
babhla
pláta
spúnóg
cupán
forc

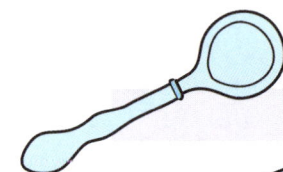

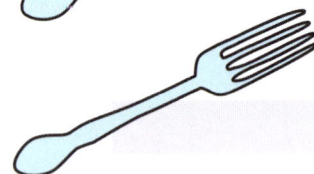

scian

1 Cuardach focal

babhla
pláta
cupán
forc
scian
spúnóg

s	i	g	p	l	á	t	a	s	a
s	b	a	b	h	l	a	a	h	a
b	e	l	é	e	n	e	e	b	e
h	n	v	c	u	p	á	n	a	l
i	s	c	i	a	n	a	í	a	g
c	f	o	r	c	a	í	á	b	ó
s	s	p	ú	n	ó	g	e	e	o

Déardaoin | Dul Siar ar an tSeachtain

1 Crosfhocal

cupán
forc
pláta
scian
babhla
spúnóg

| | a | | | l | |

a
n
c
h
i
s
t
i
n

p

2 Tástáil thú féin! Scríobh na focail.

Féach agus abair.	Clúdaigh, scríobh agus seiceáil.	✓ nó ✗	Scríobh arís.	✓ nó ✗
cupán				
forc				
pláta				
scian				
spúnóg				
babhla				

/6

Dul Siar

1 **Ceangail agus scríobh.**

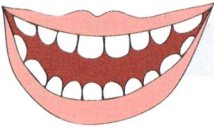

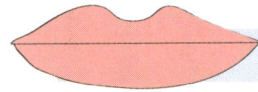
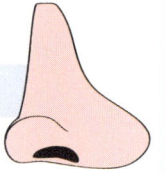

srón
fiacla
cluasa
súile
gruaig
béal

srón

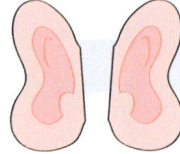

2 **Crosfhocal**

ag ithe	ag ól	ag rith
ag ní	ag gáire	ag siúl

g ⬜ g ⬜ ⬜ r ⬜

n

a ⬜ ⬜ í

o

m

⬜ ⬜ i h

a ⬜ ó

⬜ ⬜ ⬜ r t ⬜

t

h

a ⬜ i ⬜ ⬜

3 **Dathaigh:**

(a) an forc

(b) an scian

(c) an spúnóg

(d) an pláta

(e) an babhla

(f) an cupán

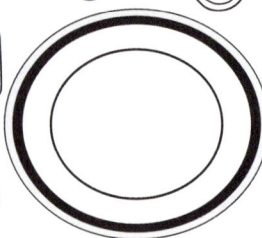

Téamaí: Bia, Mé Féin, Sa Bhaile.

4 Scríobh isteach na focail chearta.

ag ithe, subh, arán, ubh, bainne, ag ól

(a) Chuir Séamus  _____ ar an tósta.

(b) Tá Niamh ag ól _____ .

(c) Tá Liam _____ _____ a bhricfeasta.

(d) Chuir Mamaí an _____ san ubhchupán.

(e) Itheann Daidí _____ don bhricfeasta.

(f) Tá Laura _____ _____ sú oráiste.

5 Cuardach focal

forc
babhla
pláta
cupán
spúnóg
scian

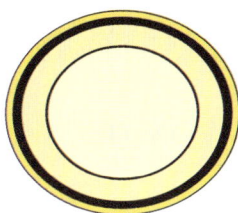

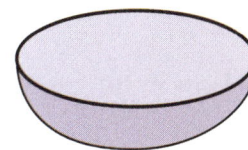

s	s	p	ú	n	ó	g	e	p	g
b	e	l	é	e	n	e	e	s	a
s	i	g	p	l	á	t	a	h	n
i	s	c	i	a	n	a	í	b	e
c	f	o	r	c	a	í	á	h	a
h	n	v	c	u	p	á	n	t	i
s	b	a	b	h	l	a	a	í	o

6 Ceart (✓) nó mícheart (✗)?

(a) ag gáire      ✓

(b) ag ithe

(c) ag ní   _____

(d) ag siúl   _____

(e) ag rith   _____

(f) ag ól

7 **Scríobh agus tarraing.**

(a) spúnóg	**(b)** cupán	**(c)** babhla
(d) pláta	**(e)** scian	**(f)** forc

8 **Bí ag scríobh.**

(a) ag i + the = ag ithe   **(b)** u + bh =

(c) su + bh =   **(d)** ba + inne =

(e) ar + án =   **(f)** ag + ól =

9 **Scríobh isteach na focail chearta agus dathaigh.**

gruaig, súile, srón, béal, fiacla, cluasa

cluasa

1	2	3	4	5	6	7	8	9	Iomlán
/5	/6	/6	/6	/6	/5	/6	/5	/5	/50

Conas a rinne tú? 😊 ⚪ 😐 ⚪ ☹ ⚪   Taifead do chuid torthaí ar leathanach 110.

Dé Luain

Liosta focal

Dé Luain

aon

dó

Dé Máirt

trí

ceathair

Dé Céadaoin

cúig

sé

Déardaoin

Dul siar ar an liosta.

Féach

Abair

Clúdaigh

Scríobh

Seiceáil

Foghlaim:

aon 1

dó 2

Bí ag cleachtadh!

Scríobh na focail nua.

_____

_____

Focail agus frásaí nua

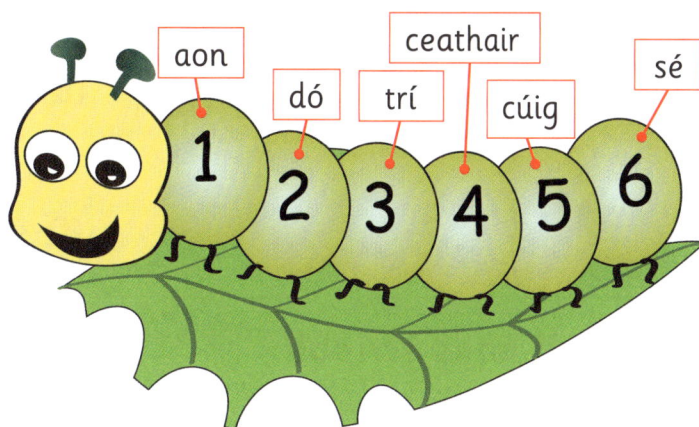

aon dó trí ceathair cúig sé

1 2 3 4 5 6

---

1 Scríobh an focal ceart in aice le gach pictiúr.

(a) 4 ceathair

(b) 5 _____

(c) 1 _____

(d) 6 _____

(e) 2 _____

(f) 3 _____

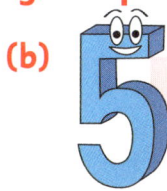

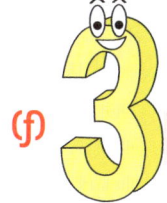

2 Aimsigh an freagra agus dathaigh.

(a) 12 – 6 = gorm

(b) 11 – 8 = buí

(c) 8 – 3 = dearg

(d) 10 – 1 = bándearg

5 6 3 9

Focail / Frásaí breise:

_____

_____

Dé Máirt

Foghlaim:

trí 3
ceathair 4

Bí ag cleachtadh!

Scríobh na focail nua.

Dé Céadaoin

Foghlaim:

cúig 5
sé 6

Bí ag cleachtadh!

Scríobh na focail nua.

1 Scríobh an focal ceart in aice le gach pictiúr.

(a)

(b)

(c)

(d)

(e)

(f)

2 Ceangail agus scríobh.

4

2

5

aon
dó
trí
ceathair
cúig
sé

3

1 aon

6

1 Cuardach focal

trí
cúig
aon
dó
sé
ceathair

t	r	l	g	a	r	a	o	n	a
c	ú	i	g	r	l	i	f	h	n
a	e	a	o	l	r	e	s	d	ó
s	r	i	a	l	t	a	s	p	g
g	c	s	t	r	í	b	b	h	a
t	a	i	s	é	e	a	l	t	i
m	ú	c	e	a	t	h	a	i	r

Déardaoin Dul Siar ar an tSeachtain

1 Crosfhocal

trí
cúig
aon
dó
sé
ceathair

Vertical letters: a o n d ó t r í

Horizontal: a ... r; c; ó; t

2 Tástáil thú féin! Scríobh na focail.

Féach agus abair.	Clúdaigh, scríobh agus seiceáil.	✓ nó ✗	Scríobh arís.	✓ nó ✗
aon				
dó				
trí				
ceathair				
cúig				
sé				

/6

22  An Siopa Éadaí

Dé Luain

Liosta focal

Dé Luain
t-léine
hata

Dé Máirt
cóta
bróga

Dé Céadaoin
gúna
blús

Déardaoin
Dul siar ar an liosta.

Féach

Abair

Clúdaigh

Scríobh

Seiceáil

Foghlaim:

t-léine

hata

Bí ag cleachtadh!

Scríobh na focail nua.

_____

_____

Focail agus frásaí nua

hata
t-léine
cóta
gúna
blús
bróga

---

1 Ceangail agus scríobh.

t-léine

t-léine
hata
cóta
bróga
gúna
blús

---

2 Scríobh agus dathaigh.

(a)

(b)

(c)

(d)

Focail / Frásaí breise:

_____

_____

Téama: Éadaí.

Dé Máirt

Foghlaim:

cóta

bróga

Bí ag cleachtadh!

Scríobh na focail nua.

_____

_____

Dé Céadaoin

Foghlaim:

gúna

blús

Bí ag cleachtadh!

Scríobh na focail nua.

_____

_____

1 Bí ag scríobh.

(a) hata   hata   hata   hata

(b) t-léine   t-léine

(c) cóta   cóta

(d) bróga   bróga

(e) gúna   gúna

(f) blús   blús

2 Cuardach focal

t-léine
hata
cóta
bróga
gúna
blús

b	l	ú	s	r	l	i	f	h	n
a	e	a	o	l	r	c	ó	t	a
s	r	i	h	a	t	a	s	p	g
t	r	l	g	a	r	a	h	n	a
g	c	s	b	r	ó	g	a	h	a
t	a	i	t-	l	é	i	n	e	i
m	ú	g	ú	n	a	h	a	i	r

1 Bí ag scríobh.

(a) bró + ga   =   bróga

(b) ha + ta   =

(c) t- + léine   =

(d) gú + na   =

(e) có + ta   =

(f) bl + ús   =

Déardaoin Dul Siar ar an tSeachtain

1 Crosfhocal

bróga
hata
blús
gúna
cóta
t-léine

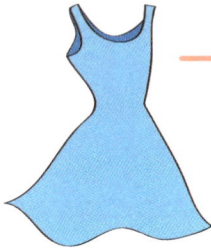

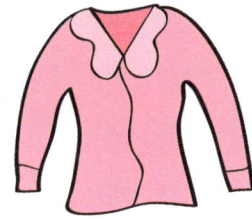

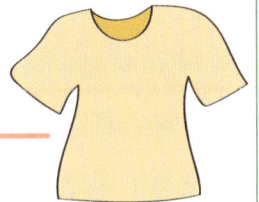

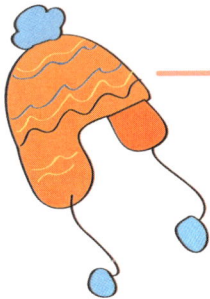

Vertical word: a n s i o p a é a d a í

2 Tástáil thú féin! Scríobh na focail.

Féach agus abair.	Clúdaigh, scríobh agus seiceáil.	✓ nó ✗	Scríobh arís.	✓ nó ✗
bróga				
hata				
blús				
gúna				
t-léine				
cóta				

/6

Conas a rinne tú? Taifead do chuid torthaí ar leathanach 110.

Dé Luain

Liosta focal

Dé Luain
seacht
ocht

Dé Máirt
naoi
deich

Dé Céadaoin
aon déag
dó dhéag

Déardaoin
Dul siar ar an liosta.

Féach

Abair

Clúdaigh

Scríobh

Seiceáil

Foghlaim:
seacht **7**
ocht **8**

Bí ag cleachtadh!
Scríobh na focail nua.
_____
_____

Focail agus frásaí nua

7 seacht
8 ocht
9 naoi
10 deich
11 aon déag
12
dó dhéag

1 **Scríobh an focal ceart in aice le gach pictiúr.**

(a) **8** ocht

(b) **10**

(c) **12**

(d) **9**

(e) **7**

(f) **11**

2 **Scríobh agus dathaigh.**

(a)

(b)

(c)

Focail / Frásaí breise:
_____
_____

Dé Máirt

Foghlaim:

naoi **9**
deich **10**

Bí ag cleachtadh!

Scríobh na focail nua.

_____
_____

Dé Céadaoin

Foghlaim:

aon déag **11**
dó dhéag **12**

Bí ag cleachtadh!

Scríobh na focail nua.

_____
_____

1 Ceart (✓) nó mícheart (✗)?

(a) ocht ⬤⬤⬤⬤⬤⬤ **✗**

(b) seacht ⬤⬤⬤⬤⬤⬤⬤⬤

(c) deich ⬤⬤⬤⬤⬤⬤⬤

(d) aon déag ⬤⬤⬤⬤⬤⬤⬤⬤

(e) dó dhéag ⬤⬤⬤⬤⬤⬤⬤⬤⬤

(f) naoi ⬤⬤⬤⬤⬤⬤⬤⬤⬤⬤

2 Cuardach focal

ocht	naoi	aon déag
seacht	deich	dó dhéag

a	l	ú	a	o	n	d	é	a	g
a	e	a	o	l	r	o	c	h	t
s	r	i	s	e	a	c	h	t	g
g	d	ó	d	h	é	a	g	h	a
t	r	l	g	a	r	a	h	n	a
t	a	i	d	e	i	c	h	l	i
m	ú	n	a	o	i	h	a	i	r

1 Bí ag scríobh.

(a) naoi   naoi   naoi   naoi

(b) seacht   seacht

(c) deich   deich

(d) ocht   ocht

(e) dó dhéag   dó dhéag

(f) aon déag   aon déag

Déardaoin Dul Siar ar an tSeachtain

1 Crosfhocal

seacht
deich
ocht
naoi
dó dhéag
aon déag

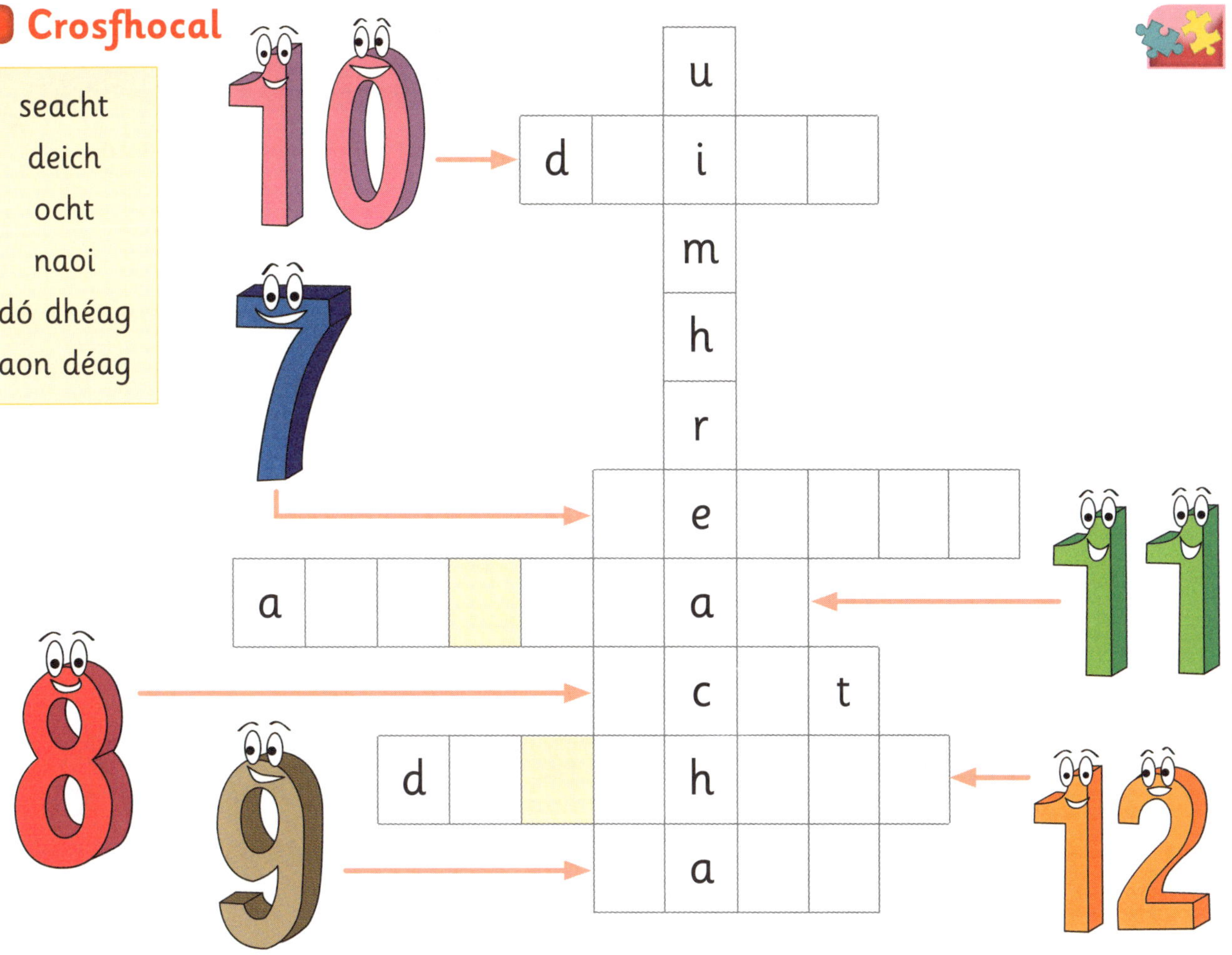

2 Tástáil thú féin! Scríobh na focail.

Féach agus abair.	Clúdaigh, scríobh agus seiceáil.	✓ nó ✗	Scríobh arís.	✓ nó ✗
seacht 7				
ocht 8				
naoi 9				
deich 10				
aon déag 11				
dó dhéag 12				

/6

Gníomhartha

Dé Luain

Liosta focal

Dé Luain

ag canadh

ag damhsa

Dé Máirt

ag snámh

ag léamh

Dé Céadaoin

ina chodladh

ag scríobh

Déardaoin

Dul siar ar an liosta.

Féach

Abair

Clúdaigh

Scríobh

Seiceáil

Foghlaim:

ag canadh

ag damhsa

Bí ag cleachtadh!

Scríobh na focail nua.

_____

_____

Focail agus frásaí nua

ag snámh

ag scríobh

ag léamh

ina chodladh

ag canadh

ag damhsa

---

1 Ceangail agus scríobh.

ag canadh

ag scríobh

ag snámh

ina chodladh

ag damhsa

ag léamh

ag canadh

---

2 Scríobh isteach na focail chearta.

(a) Tá Deirdre  **ag snámh** .   (b) Tá Ruairí _____ _____ .

(c) Tá Seán _____ _____ .   (d) Tá Emma _____ _____ .

(e) Tá Daithí _____ _____ .   (f) Tá Siobhán _____ _____ .

Focail / Frásaí breise:

_____

_____

Dé Máirt

Foghlaim:

ag snámh

ag léamh

Bí ag cleachtadh!

Scríobh na focail nua.

_____

_____

Dé Céadaoin

Foghlaim:

ina chodladh

ag scríobh

Bí ag cleachtadh!

Scríobh na focail nua.

_____

_____

---

1 Bí ag scríobh.

(a) ina chodladh   ina chodladh   ina chodladh   ina chodladh

(b) ag snámh   ag snámh

(c) ag canadh   ag canadh

(d) ag léamh   ag léamh

(e) ag scríobh   ag scríobh

(f) ag damhsa   ag damhsa

---

2 Cuardach focal

ag canadh
ag snámh
ag léamh
ag scríobh
ag damhsa
ina chodladh

a	g	a	g	s	n	á	m	h	d	a
i	n	a	c	h	o	d	l	a	d	h
c	o	a	g	c	a	n	a	d	h	c
a	g	l	é	a	m	h	t	a	í	a
l	e	a	c	r	i	s	é	a	r	l
a	a	g	s	c	r	í	o	b	h	a
m	a	g	d	a	m	h	s	a	h	m

---

1 Scríobh agus dathaigh.

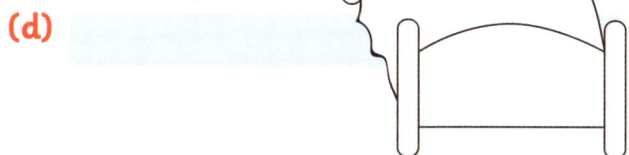

(a)

(b)

(c)

(d)

Déardaoin Dul Siar ar an tSeachtain

1 Crosfhocal

ag snámh
ag damhsa
ina chodladh

ag canadh
ag scríobh
ag léamh

| a | | | | | | | |
| a | | | | é | | h |

i | | | c | | | | | |

a | | s | | |

| | g | | s | | í | | |
| g | | c | | | |

2 Tástáil thú féin! Scríobh na focail.

Féach agus abair.	Clúdaigh, scríobh agus seiceáil.	✓ nó ✗	Scríobh arís.	✓ nó ✗
ag snámh				
ag canadh				
ina chodladh				
ag léamh				
ag scríobh				
ag damhsa				

/6

Conas a rinne tú? 😊 ⬤ 😐 ⬤ ☹ ⬤   Taifead do chuid torthaí ar leathanach 110.

Dul Siar

1 Ceangail agus scríobh.

ag damhsa
ag snámh
ag scríobh
ag léamh
ag canadh
ina chodladh

ag damhsa

2 Cuardach focal

aon
ceathair
sé
trí
cúig
dó

c	ú	i	g	r	l	i	f	h	n
a	e	a	o	l	r	e	s	d	ó
m	ú	c	e	a	t	h	a	i	r
s	r	i	a	l	t	a	s	p	g
t	r	l	g	a	r	a	o	n	a
g	c	s	t	r	í	b	b	h	a
t	a	i	s	é	e	a	l	t	i

3 Dathaigh:

(a) an hata

(b) an t-léine

(c) na bróga

(d) an cóta

(e) an blús

(f) an gúna

4 Ceart (✓) nó mícheart (✗)?

(a) cúig 5 ✓

(b) aon 1

(c) ceathair 3

(d) dó 2

(e) trí 4

(f) sé 6

Téama: Éadaí.

5 Crosfhocal

| ocht | aon déag | deich | dó dhéag | naoi | seacht |

```
              u
    n   □   □ i  ← 9
              m
  d □ ░ □   h □ □ □  → 12
              r
          □ □ e □ □  ← 10
  a □ □ ░ a
    □     c
          h  ← 8
          a
```

(7 → , 11 → a , 12 → d)

6 Scríobh isteach na focail chearta.

| ag scríobh, ag damhsa, ag snámh, ina chodladh, ag canadh, ag léamh |

(a) Is maith liom bheith _____ .

(b) Tá Siobhán _____ sa linn snámha.

(c) Tá Dara _____ sa leaba.

(d) Tá Mairéad _____ sa chóipleabhar.

(e) Is maith liom bheith _____ .

(f) Tá Liam _____ an leabhair.

7 **Scríobh agus tarraing.**

(a) gúna	**(b)** blús	**(c)** t-léine
(d) hata	**(e)** bróga	**(f)** cóta

8 **Bí ag scríobh.**

(a) t- + léine = t-léine

(b) gú + na =

(c) ha + ta =

(d) bl + ús =

(e) có + ta =

(f) bró + ga =

9 **Scríobh isteach na focail chearta agus dathaigh.**

trí, deich, seacht, cúig, dó

1	2	3	4	5	6	7	8	9	Iomlán
/5	/6	/6	/5	/6	/6	/6	/5	/5	/50

Conas a rinne tú?   ☺ ○   😐 ○   ☹ ○   Taifead do chuid torthaí ar leathanach 110.

26 Ainmhithe / Peataí

Dé Luain

Liosta focal

Dé Luain

cat

madra

Dé Máirt

coinín

turtar

Dé Céadaoin

éan

iasc

Déardaoin

Dul siar ar an liosta.

Féach

Abair

Clúdaigh

Scríobh

Seiceáil

Foghlaim:

cat

madra

Bí ag cleachtadh!

Scríobh na focail nua.

_____

_____

Focail agus frásaí nua

iasc · éan · madra · cat · turtar · coinín

1 Ceangail agus scríobh.

cat

| cat |
| turtar |
| coinín |
| iasc |
| éan |
| madra |

2 Scríobh agus dathaigh.

(a)

(b)

(c)

(d)

Focail / Frásaí breise:

_____

_____

Téama: Sa Bhaile.

Dé Máirt

Foghlaim:

coinín

turtar

Bí ag cleachtadh!

Scríobh na focail nua.

Dé Céadaoin

Foghlaim:

éan

iasc

Bí ag cleachtadh!

Scríobh na focail nua.

---

1 Bí ag scríobh.

(a) cat   cat   cat   cat

(b) madra   madra

(c) turtar   turtar

(d) iasc   iasc

(e) coinín   coinín

(f) éan   éan

---

2 Cuardach focal

madra   cat   turtar
iasc   éan   coinín

c	o	i	n	í	n	d	l	l	o
t	u	r	t	a	r	í	d	i	t
e	a	m	a	d	r	a	a	d	e
r	c	o	r	n	í	n	n	a	r
e	a	i	a	s	c	e	a	d	e
o	a	t	á	n	a	é	a	n	o
ú	c	a	t	r	a	t	n	d	ú

---

1 Bí ag scríobh.

(a) ia + sc   = iasc

(b) mad + ra   =

(c) tur + tar =

(d) c + at   =

(e) é + an   =

(f) coin + ín =

Déardaoin Dul Siar ar an tSeachtain

1 Crosfhocal

coinín
madra
cat
iasc
turtar
éan

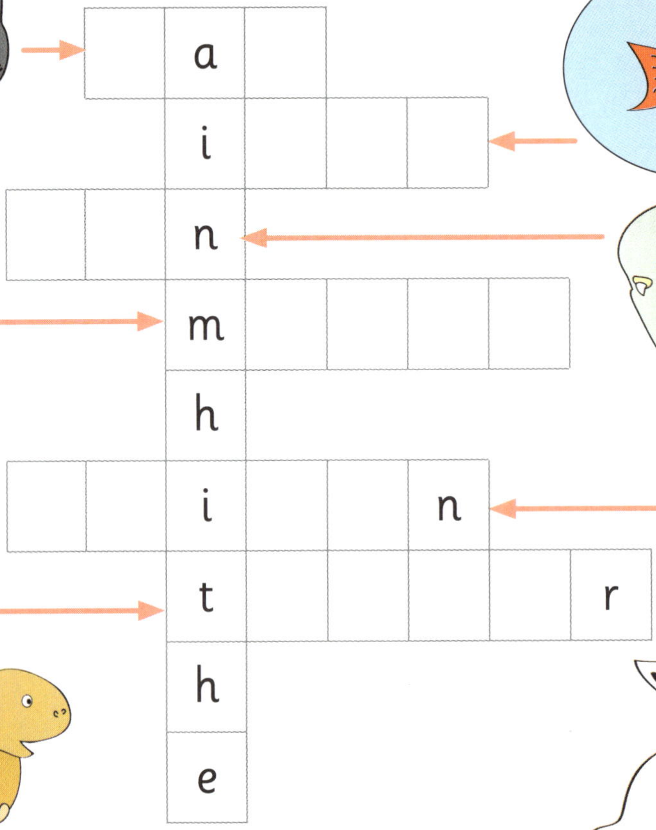

a		

a i n m h i t h e

cat → a
iasc → i
éan → n
madra → m
h
turtar → i ... n
t ... r
h
e

2 Tástáil thú féin! Scríobh na focail.

Féach agus abair.	Clúdaigh, scríobh agus seiceáil.	✓ nó ✗	Scríobh arís.	✓ nó ✗
coinín 				
madra 				
cat 				
éan 				
iasc 				
turtar 				

/6

Conas a rinne tú? 😀 ⚪ 😐 ⚪ ☹️ ⚪   Taifead do chuid torthaí ar leathanach 110.

Dathanna

27

Dé Luain	Féach	Foghlaim:	Bí ag cleachtadh!

Dé Luain

Liosta focal

Dé Luain
buí
dearg

Dé Máirt
glas
gorm

Dé Céadaoin
donn
dubh

Déardaoin
Dul siar ar an liosta.

Féach

Abair

Clúdaigh

Scríobh

Seiceáil

Foghlaim:
buí
dearg

Bí ag cleachtadh!
Scríobh na focail nua.
_____
_____

Focail agus frásaí nua

dearg

buí

gorm

glas

donn

dubh

---

1 **Cuir na dathanna seo ar an liathróid:**

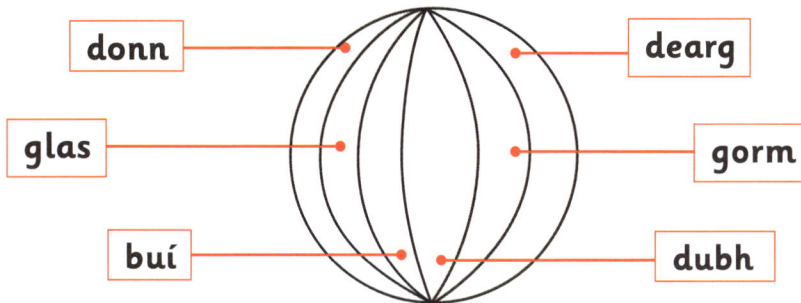

donn   dearg

glas   gorm

buí   dubh

---

2 **Dathaigh isteach an dath ceart.**

(a) Dathaigh an réalta seo **dearg**.

(b) Dathaigh an madra seo **dubh**.

(c) Dathaigh an dronuilleog seo **donn**.

(d) Dathaigh an triantán seo **gorm**.
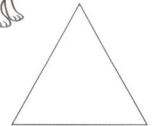

(e) Dathaigh an chearnóg seo **glas**.

(f) Dathaigh an ciorcal seo **buí**.

Focail / Frásaí breise: _____
_____

Dé Máirt

Foghlaim:
glas
gorm

Bí ag cleachtadh!
Scríobh na focail nua.

Dé Céadaoin

Foghlaim:
donn
dubh

Bí ag cleachtadh!
Scríobh na focail nua.

1 Bí ag scríobh.

(a) glas   glas   glas   glas
(b) buí   buí
(c) donn   donn
(d) gorm   gorm
(e) dearg   dearg
(f) dubh   dubh

2 Cuardach focal

dearg   gorm   donn
glas   buí   dubh

c	o	i	b	u	í	á	d	l	l
t	t	u	r	g	l	a	s	d	i
a	e	a	d	o	n	n	a	a	d
t	r	c	o	r	n	í	n	n	a
l	e	a	d	u	b	h	e	a	d
p	o	a	t	á	d	e	a	r	g
m	ú	c	g	o	r	m	t	n	d

1 Bí ag scríobh.

(a) du + bh = dubh
(b) do + nn =
(c) gl + as =
(d) dea + rg =
(e) b + uí =
(f) go + rm =

Déardaoin **Dul Siar ar an tSeachtain**

1 Crosfhocal

| buí |
| donn |
| dubh |
| dearg |
| gorm |
| glas |

d
a
t
h
d   a
n
n
a

2 Tástáil thú féin! Scríobh na focail.

Féach agus abair.	Clúdaigh, scríobh agus seiceáil.	✓ nó ✗	Scríobh arís.	✓ nó ✗
buí				
donn				
dubh				
dearg				
gorm				
glas				

/6

28  An Dochtúir

Dé Luain

Liosta focal

Dé Luain

piollairí

leaba

Dé Máirt

uisce

dochtúir

Dé Céadaoin

tinn

altra

Déardaoin

Dul siar ar an liosta.

Féach

Abair

Clúdaigh

Scríobh

Seiceáil

Foghlaim:

piollairí

leaba

Bí ag cleachtadh!

Scríobh na focail nua.

_____

_____

Focail agus frásaí nua

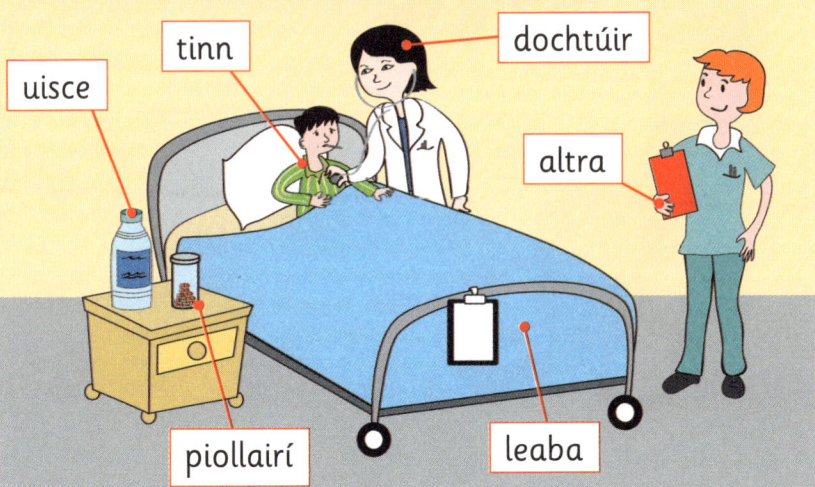

---

1 Scríobh an focal ceart in aice le gach pictiúr.

(a) uisce

(b)

(c)

(d)

(e)

(f)

---

2 Dathaigh:

(a) an t-altra

(b) na piollairí

(c) an leaba

(d) an dochtúir

(e) an t-uisce

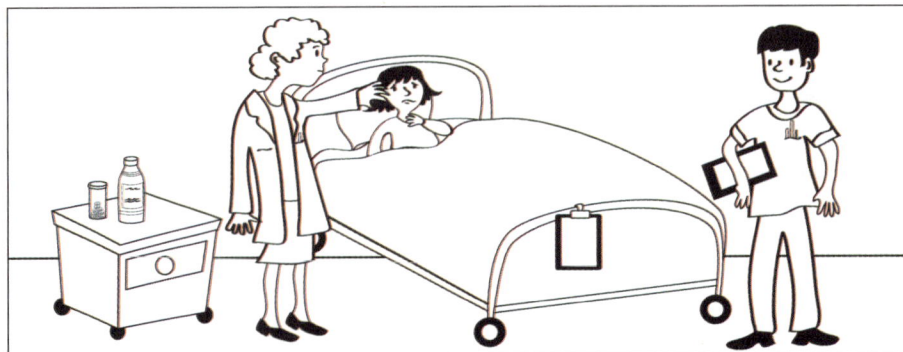

Focail / Frásaí breise:

_____

_____

Téama: Mé Féin.

Dé Máirt

Foghlaim:	Bí ag cleachtadh!
uisce dochtúir	**Scríobh na focail nua.** _____ _____

Dé Céadaoin

Foghlaim:	Bí ag cleachtadh!
tinn altra	**Scríobh na focail nua.** _____ _____

---

1 **Ceart (✓) nó mícheart (✗)?**

(a) dochtúir ✓

(b) uisce

(c) altra

(d) tinn

(e) leaba

(f) piollairí

---

2 **Cuardach focal**

tinn
dochtúir
altra
leaba
piollairí
uisce

c	o	t	i	n	n	n	n	d	h
b	r	i	o	a	l	t	r	a	í
a	g	a	c	r	r	t	a	h	d
d	o	c	h	t	ú	i	r	a	r
a	g	u	i	s	c	e	a	n	a
a	a	i	r	l	e	a	b	a	í
p	i	o	l	l	a	i	r	í	r

---

1 **Scríobh isteach an focal ceart.**

(a) Chuir Mamaí fios ar an _____ .

(b) Tá _____ ar an mbord.

(c) Ta dath dearg ar na _____ .

(d) Thug an ____ t- _____ deoch uisce do Eoghan.

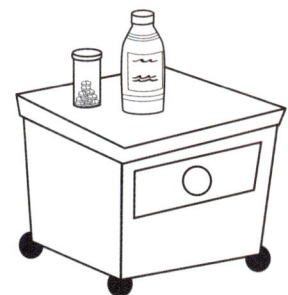

(e) Tá Stiofán _____ .

(f) Tá Úna sa _____ .

Déardaoin Dul Siar ar an tSeachtain

1 Crosfhocal

uisce
piollairí
leaba
tinn
altra

```
      l   |   | a |   |   |
              | n |
              |   |
              | d |
      p |   | o |   |   |   |   |
  u |   |   | c |
              | h |
              | t |   |   |
              | ú |
              | i |
  |   |   |   | r |
```

2 Tástáil thú féin! Scríobh na focail.

Féach agus abair.	Clúdaigh, scríobh agus seiceáil.	✓ nó ✗	Scríobh arís.	✓ nó ✗
tinn				
altra				
dochtúir				
uisce				
leaba				
piollairí				

/6

Conas a rinne tú? 😊 ⬤ 😐 ⬤ ☹ ⬤   Taifead do chuid torthaí ar leathanach 110.

Bréagáin

Dé Luain

Liosta focal

Dé Luain

puipéad

teidí

Dé Máirt

liathróid

bábóg

Dé Céadaoin

brící

mirlíní

Déardaoin

Dul siar ar an liosta.

Féach

Abair

Clúdaigh

Scríobh

Seiceáil

Foghlaim:

puipéad

teidí

Bí ag cleachtadh!

Scríobh na focail nua.

Focail agus frásaí nua

teidí

bábóg

puipéad

brící

liathróid

mirlíní

---

1 **Scríobh agus dathaigh.**

(a)

(b)

(c)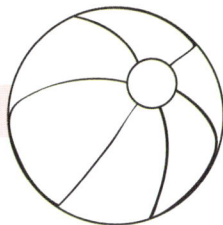

(d)

(e)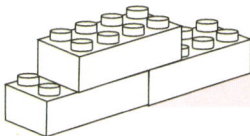

(f)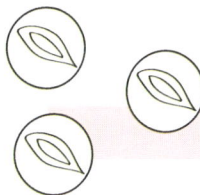

---

2 **Aimsigh an freagra agus dathaigh.**

(a) 1 + 1 + 1 = donn

(b) 2 + 2 + 2 = gorm

(c) 18 − 9 = dearg

(d) 20 − 10 = oráiste

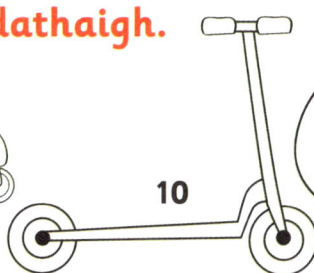

6

10

3

9

Focail / Frásaí breise:

Dé Máirt

Foghlaim:

liathróid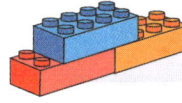

bábóg

Bí ag cleachtadh!

Scríobh na focail nua.

Dé Céadaoin

Foghlaim:

brící

mirlíní

Bí ag cleachtadh!

Scríobh na focail nua.

1 Scríobh an focal ceart in aice le gach pictiúr.

(a) liathróid

(b)

(c)

(d)

(e)

(f)

2 Ceangail agus scríobh.

teidí
liathróid
bábóg
mirlíní
puipéad
brící

teidí

1 Cuardach focal

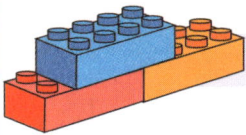

puipéad
liathróid
teidí
bábóg
mirlíní
brící

p	i	m	i	r	l	í	n	í	r
c	l	i	a	t	h	r	ó	i	d
a	g	a	b	r	í	c	í	h	d
d	o	c	t	e	i	d	í	a	r
b	r	i	o	a	r	t	r	a	í
a	g	p	u	i	p	é	a	d	a
a	a	i	b	á	b	ó	g	a	í

Déardaoin Dul Siar ar an tSeachtain

1 Crosfhocal

mirlíní	liathróid	teidí
brící	puipéad	bábóg

b _ _ _ _ í

b r _ ó _

é

p _ _ _ _ _ a _

g

á

i

m _ _ _ _ n

2 Tástáil thú féin! Scríobh na focail.

Féach agus abair.	Clúdaigh, scríobh agus seiceáil.	✓ nó ✗	Scríobh arís.	✓ nó ✗
brící				
liathróid				
teidí				
puipéad				
bábóg				
mirlíní				

/6

Dul Siar

1 Ceangail agus scríobh.

| coinín |
| turtar |
| iasc |
| madra |
| cat |
| éan |

coinín

2 Crosfhocal

| leaba |
| tinn |
| piollairí |
| uisce |
| an dochtúir |
| altra |

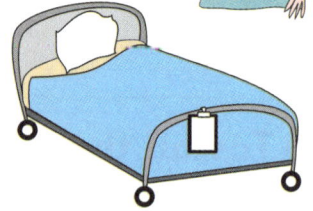

a n _ _ _
n
n l _ _ _ _ a
o
u _ _ c _
t _ _ n _
i _ _ _ _ _ _ í

3 Dathaigh:

(a) an liathróid

(b) an teidí

(c) an puipéad

(d) an bhábóg

Téamaí: Sa Bhaile, Mé Féin, Caitheamh Aimsire.

4 Cuardach focal

tinn
uisce
altra
leaba
dochtúir
piollairí

l	e	a	u	i	s	c	e	a
d	o	c	h	t	ú	i	r	n
p	i	o	l	l	a	i	r	í
t	e	a	t	i	n	n	e	a
s	o	i	b	u	t	á	d	l
r	l	e	a	b	a	e	a	r
n	ú	a	l	t	r	a	t	n

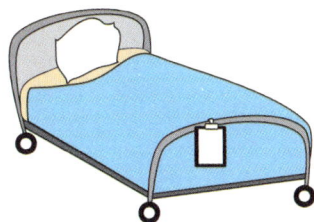

5 Scríobh isteach na focail chearta.

gorm, bán, donn, buí, dearg, glas

(a) Tá dath _____ ar an gclár bán.

(b) Tá dath _____ ar an mbord.

(c) Tá dath _____ ar an mbanana.

(d) Tá dath _____ ar an tráta.

(e) Tá dath _____ ar an spéir.

(f) Tá dath _____ ar an bhféar.

6 Bí ag scríobh.

(a) tur + tar = _____

(b) mad + ra = _____

(c) c + at = _____

(d) é + an = _____

(e) coin + ín = _____

(f) ia + sc = _____

7 **Scríobh agus tarraing.**

(a) puipéad	(b) brící	(c) mirlíní
(d) bábóg	(e) teidí	(f) liathróid

8 **Dathaigh isteach an dath ceart.**

(a) buí

(b) dearg

(c) glas

(d) gorm

(e) donn

(f) dubh

9 **Scríobh isteach na focail chearta agus dathaigh.**

turtar, cat, madra, iasc, éan, coinín

cat

1	2	3	4	5	6	7	8	9	Iomlán
/5	/6	/4	/6	/6	/6	/6	/6	/5	/50

Conas a rinne tú? 😊 ○ 😐 ○ ☹ ○   **Taifead do chuid torthaí ar leathanach 110.**

Mo Bhreithlá

31

Dé Luain

Liosta focal

Dé Luain
cáca
balúin

Dé Máirt
brioscaí
criospaí

Dé Céadaoin
coinnle
cárta

Déardaoin
Dul siar ar an liosta.

Féach

Abair

Clúdaigh

Scríobh

Seiceáil

Foghlaim:
cáca
balúin

Bí ag cleachtadh!
Scríobh na focail nua.

Focail agus frásaí nua

balúin • criospaí • brioscaí • coinnle • cárta • cáca

1 Scríobh an focal ceart in aice le gach pictiúr.

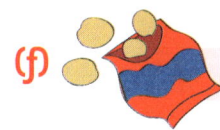

(a) balúin
(b)
(c)
(d)
(e)
(f)

2 Dathaigh:

(a) an cáca
(b) na coinnle
(c) na cártaí
(d) na balúin

Focail / Frásaí breise:

Dé Máirt

Foghlaim:

brioscaí

criospaí

Bí ag cleachtadh!

Scríobh na focail nua.

_____

_____

Dé Céadaoin

Foghlaim:

coinnle

cárta

Bí ag cleachtadh!

Scríobh na focail nua.

_____

_____

---

1 Ceart (✓) nó mícheart (✗)?

(a) brioscaí   ✓

(b) coinnle

(c) cáca

(d) cárta

(e) criospaí

(f) balúin

---

2 Cuardach focal

cáca
cárta
balúin
criospaí
brioscaí
coinnle

a	g	a	c	á	r	t	a	h	d
a	g	s	c	á	c	a	r	n	a
c	o	b	a	l	ú	i	n	d	h
b	r	i	o	s	c	a	í	a	í
l	e	a	c	r	i	s	é	a	r
a	a	c	r	i	o	s	p	a	í
m	a	g	c	o	i	n	n	l	e

---

1 Scríobh isteach an focal ceart.

(a) Tá _____ ar an mbord.

(b) Tá dath buí ar na _____ .

(c) Tá _____ ar an tseilf.

(d) Tá dath gorm ar na _____ .

(e) Tá Síle ag ithe _____ .

(f) Tá Stiofán ag ithe _____ .

Déardaoin Dul Siar ar an tSeachtain

1 **Crosfhocal**

criospaí
coinnle
cáca
cárta
balúin
brioscaí

m
o n
b
h
r í
e
c i
t
h
l
á

2 **Tástáil thú féin! Scríobh na focail.**

Féach agus abair.	Clúdaigh, scríobh agus seiceáil.	✓ nó ✗	Scríobh arís.	✓ nó ✗
cárta				
cáca				
balúin				
brioscaí				
criospaí				
coinnle				

/6

32

Ar an Trá

Dé Luain

Liosta focal

Dé Luain

ag snámh

trá

Dé Máirt

bád

buicéad

Dé Céadaoin

portán

spád

Déardaoin

Dul siar ar an liosta.

Féach

Abair

Clúdaigh

Scríobh

Seiceáil

Foghlaim:

ag snámh

trá

Bí ag cleachtadh!

Scríobh na focail nua.

_____

_____

Focail agus frásaí nua

bád

ag snámh

buicéad

portán

spád

trá

---

1 **Scríobh agus dathaigh.**

(a)

(b)

(c)

(d)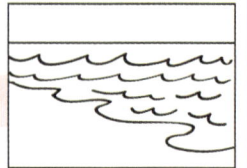

(e)

(f)

---

2 **Aimsigh an freagra agus dathaigh.**

(a) $14 - 7 =$ gorm

(b) $16 - 8 =$ buí

(c) $18 - 9 =$ dearg

(d) $20 - 10 =$ bándearg

 9

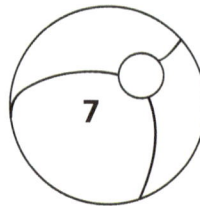 7

 8

 10

Focail / Frásaí breise: _____

_____

Téama: Caitheamh Aimsire.

Dé Máirt

Foghlaim:

bád

buicéad

Bí ag cleachtadh!

Scríobh na focail nua.

_____

_____

Dé Céadaoin

Foghlaim:

portán

spád

Bí ag cleachtadh!

Scríobh na focail nua.

_____

_____

1 Scríobh na focail chearta in aice le gach pictiúr.

(a) buicéad

(b)

(c)

(d)

(e)

(f)

2 Ceangail agus scríobh.

trá

trá

bád

spád

ag snámh

portán

buicéad

1 Cuardach focal

spád
trá
bád
ag snámh
portán
buicéad

a	e	a	p	o	r	t	á	n	ó
m	ú	c	e	a	t	s	p	á	d
s	r	i	t	r	á	a	s	p	g
t	r	l	b	á	d	a	i	n	a
c	ú	g	i	r	a	i	f	h	n
g	c	a	a	g	s	n	á	m	h
t	a	b	u	i	c	é	a	d	i

Déardaoin Dul Siar ar an tSeachtain

1 Crosfhocal

buicéad	trá	bád
spád	portán	ag snámh

b _ _ _ _ a
r
b _ _
a _ s _ _ _
p _ _ _ n
t _
r
_ _ á

2 Tástáil thú féin! Scríobh na focail.

Féach agus abair.	Clúdaigh, scríobh agus seiceáil.	✓ nó ✗	Scríobh arís.	✓ nó ✗
ag snámh				
buicéad				
spád				
trá				
portán				
bád				

/6

An Zú

33

Dé Luain

Liosta focal

Dé Luain
cás
moncaí

Dé Máirt
rón
camall

Dé Céadaoin
leon
béar

Déardaoin
Dul siar ar an liosta.

Féach

Abair
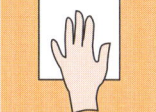

Clúdaigh

Scríobh
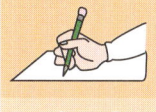

Seiceáil

Foghlaim:
cás

moncaí

Bí ag cleachtadh!
Scríobh na focail nua.

_____

_____

Focail agus frásaí nua

cás   béar   leon   rón   camall   moncaí

1 Ceangail agus scríobh.

cás
rón
béar
moncaí
leon
camall

cás

2 Scríobh agus dathaigh.

(a)

(b)

(c)

(d)

Focail / Frásaí breise:

_____

_____

Téama: Caitheamh Aimsire.

Dé Máirt

Foghlaim:

rón

camall

Bí ag cleachtadh!

Scríobh na focail nua.

_____

_____

Dé Céadaoin

Foghlaim:

leon

béar

Bí ag cleachtadh!

Scríobh na focail nua.

_____

_____

---

1 Bí ag scríobh.

(a)   rón   rón   rón   rón

(b)   leon   leon

(c)   camall   camall

(d)   cás   cás

(e)   moncaí   moncaí

(f)   béar   béar

---

2 Cuardach focal

rón
moncaí
camall
cás
leon
béar

a	e	a	p	o	r	e	á	n	ó
m	ú	c	e	a	t	c	á	s	d
s	r	b	é	a	r	a	s	p	g
t	r	l	r	ó	n	a	i	n	a
ú	c	i	g	c	a	m	a	l	l
l	e	o	n	g	s	i	á	m	h
t	a	m	o	n	c	a	í	d	i

---

1 Bí ag scríobh.

(a) mon + caí   =   moncaí

(b) bé + ar   =

(c) c + ás   =

(d) cam + all   =

(e) le + on   =

(f) r + ón   =

Déardaoin Dul Siar ar an tSeachtain

1 Crosfhocal

leon
camall
béar
moncaí
cás
rón

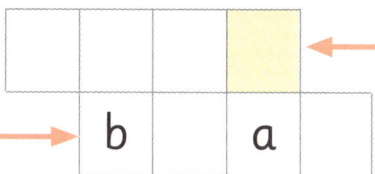

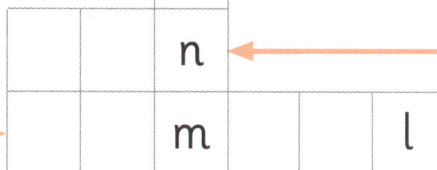

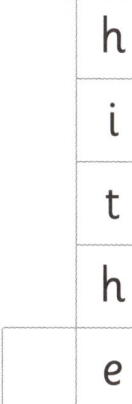

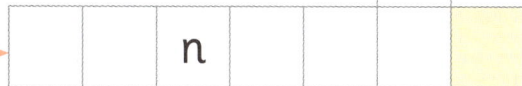

b		a
		i
		n		l
		m
		h
		i
		t
		h
		e	
	n			

2 Tástáil thú féin! Scríobh na focail.

Féach agus abair.	Clúdaigh, scríobh agus seiceáil.	✓ nó ✗	Scríobh arís.	✓ nó ✗
rón				
leon				
camall				
béar				
moncaí				
cás				

/6

34 Ar an bhFeirm

Dé Luain

Liosta focal

Dé Luain
cearc
caora

Dé Máirt
muc
capall

Dé Céadaoin
uan
bó

Déardaoin
Dul siar ar an liosta.

Féach

Abair

Clúdaigh

Scríobh

Seiceáil

Foghlaim:
cearc
caora

Bí ag cleachtadh!
Scríobh na focail nua.

Focail agus frásaí nua

caora

bó

uan

muc
cearc
capall

---

1 Scríobh agus dathaigh.

(a)

(b)

(c)

(d)

(e)

(f)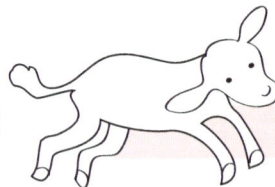

---

2 Aimsigh an freagra agus dathaigh.

(a) 20 – 10 = donn
(b) 15 – 10 = buí
(c) 9 – 6 = dearg
(d) 12 – 8 = bándearg

3 10 5 4

Focail / Frásaí breise:

Téama: Caitheamh Aimsire.

Dé Máirt

Foghlaim:

muc

capall

Bí ag cleachtadh!

Scríobh na focail nua.

_____

_____

Dé Céadaoin

Foghlaim:

uan

bó

Bí ag cleachtadh!

Scríobh na focail nua.

_____

_____

1 Scríobh an focal ceart in aice le gach pictiúr.

(a) uan

(b)

(c)

(d)

(e)

(f)

2 Ceangail agus scríobh.

caora
cearc
capall
bó
muc
uan

caora

1 Cuardach focal

cearc
muc
uan
capall
bó
caora

a	g	a	c	a	o	r	a	h	d
a	g	s	u	a	n	i	r	n	a
c	o	b	ó	c	r	n	a	d	h
c	e	a	r	c	m	h	t	a	í
l	e	a	c	r	i	s	é	a	r
a	a	c	a	p	a	l	l	b	h
m	a	g	m	u	c	h	s	a	h

Déardaoin **Dul Siar ar an tSeachtain**

1 Crosfhocal

bó
caora
uan
capall
cearc
muc

a _ _ r _

a _

r

a _ _ _ l

_ _ n

b _

h

f

f e _ r _

i

r

m _

2 Tástáil thú féin! Scríobh na focail.

Féach agus abair.	Clúdaigh, scríobh agus seiceáil.	✓ nó ✗	Scríobh arís.	✓ nó ✗
caora				
uan				
bó				
cearc				
capall				
muc				

/6

Conas a rinne tú? 😊 ⚪ 😐 ⚪ ☹ ⚪   Taifead do chuid torthaí ar leathanach 110.

Dul Siar

1 Ceangail agus scríobh.

muc

muc
bó
capall
cearc
caora
uan

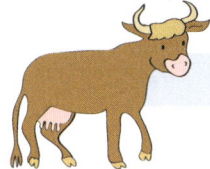

2 Crosfhocal

criospaí
coinnle
cáca
cárta
balúin
brioscaí

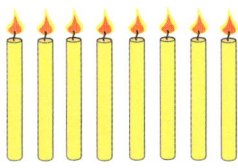

m
c o _ _ _ e
b
h
c r _ _ _ _
e
b _ i _ _ _
_ _ t a
h
b _ l _ _
_ á _ _

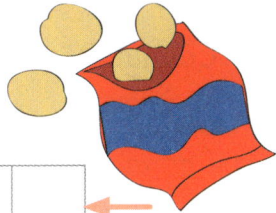

8

3 Dathaigh:

(a) an leon
(b) an moncaí
(c) an camall
(d) an rón
(e) an cás
(f) an béar

Téamaí: Mé Féin, Caitheamh Aimsire.

4 Cuardach focal

portán
spád
bád
buicéad
trá
ag snámh

a	e	a	b	u	i	c	é	a	d
p	o	r	t	á	n	a	s	p	g
t	r	l	t	r	á	a	i	n	a
c	i	ú	g	s	p	á	d	l	l
m	ú	c	e	a	t	c	i	s	d
l	e	a	g	s	n	á	m	h	h
t	a	b	á	d	r	a	í	d	i

5 Scríobh isteach na focail chearta.

muc, caora, uan, capall, cearc, bó

(a) Chonaic Niamh _____ ar an bhfeirm.

(b) Chonaic Niall _____ faoin tuath.

(c) Tá _____ ag Síle.

(d) Tá _____ agus sicín ag an bhfeirmeoir.

(e) Chonaic Stiofán _____ faoin tuath.

(f) Tá _____ bheag ag Dara.

6 Ceart (✓) nó mícheart (✗)?

(a) coinnle  ✓

(b) criospaí

(c) cárta

(d) cáca

(e) balúin

(f) brioscaí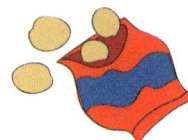

7 Scríobh agus tarraing.

(a) ag snámh	(b) trá	(c) bád
(d) buicéad	(e) portán	(f) spád

8 Bí ag scríobh.

(a) cap + all = capall (b) u + an =

(c) b + ó = (d) cao + ra =

(e) cea + rc = (f) m + uc =

9 Scríobh isteach na focail chearta agus dathaigh.

camall, béar, leon, moncaí, rón

1	2	3	4	5	6	7	8	9	Iomlán
/5	/6	/6	/6	/6	/5	/6	/5	/5	/50

Conas a rinne tú? 😊 ⚪ 😐 ⚪ ☹ ⚪   Taifead do chuid torthaí ar leathanach 110.

Tástálacha Dé hAoine

Aonad 1	✓ nó ✗		✓ nó ✗
1		2	
3		4	
5		6	

Mo scór ☐ /6

Aonad 2	✓ nó ✗		✓ nó ✗
1		2	
3		4	
5		6	

Mo scór ☐ /6

Aonad 3	✓ nó ✗		✓ nó ✗
1		2	
3		4	
5		6	

Mo scór ☐ /6

Aonad 4	✓ nó ✗		✓ nó ✗
1		2	
3		4	
5		6	

Mo scór ☐ /6

Aonad 6	✓ nó ✗		✓ nó ✗
1		2	
3		4	
5		6	

Mo scór ☐ /6

Aonad 7	✓ nó ✗		✓ nó ✗
1		2	
3		4	
5		6	

Mo scór ☐ /6

Aonad 8	✓ nó ✗		✓ nó ✗
1		2	
3		4	
5		6	

Mo scór ☐ /6

Aonad 9	✓ nó ✗			✓ nó ✗
1		2		
3		4		
5		6		

Mo scór ☐ /6

Aonad 11	✓ nó ✗			✓ nó ✗
1		2		
3		4		
5		6		

Mo scór ☐ /6

Aonad 12	✓ nó ✗			✓ nó ✗
1		2		
3		4		
5		6		

Mo scór ☐ /6

Aonad 13	✓ nó ✗			✓ nó ✗
1		2		
3		4		
5		6		

Mo scór ☐ /6

Aonad 14	✓ nó ✗			✓ nó ✗
1		2		
3		4		
5		6		

Mo scór ☐ /6

Aonad 16	✓ nó ✗			✓ nó ✗
1		2		
3		4		
5		6		

Mo scór ☐ /6

Aonad 17	✓ nó ✗			✓ nó ✗
1		2		
3		4		
5		6		

Mo scór ☐ /6

Aonad 18	✓ nó ✗			✓ nó ✗
1		2		
3		4		
5		6		

Mo scór [ ]/6

Aonad 19	✓ nó ✗			✓ nó ✗
1		2		
3		4		
5		6		

Mo scór [ ]/6

Aonad 21	✓ nó ✗			✓ nó ✗
1		2		
3		4		
5		6		

Mo scór [ ]/6

Aonad 22	✓ nó ✗			✓ nó ✗
1		2		
3		4		
5		6		

Mo scór [ ]/6

Aonad 23	✓ nó ✗			✓ nó ✗
1		2		
3		4		
5		6		

Mo scór [ ]/6

Aonad 24	✓ nó ✗			✓ nó ✗
1		2		
3		4		
5		6		

Mo scór [ ]/6

Aonad 26	✓ nó ✗			✓ nó ✗
1		2		
3		4		
5		6		

Mo scór [ ]/6

Aonad 27	✓ nó ✗			✓ nó ✗
1		2		
3		4		
5		6		

Mo scór ☐ /6

Aonad 28	✓ nó ✗			✓ nó ✗
1		2		
3		4		
5		6		

Mo scór ☐ /6

Aonad 29	✓ nó ✗			✓ nó ✗
1		2		
3		4		
5		6		

Mo scór ☐ /6

Aonad 31	✓ nó ✗			✓ nó ✗
1		2		
3		4		
5		6		

Mo scór ☐ /6

Aonad 32	✓ nó ✗			✓ nó ✗
1		2		
3		4		
5		6		

Mo scór ☐ /6

Aonad 33	✓ nó ✗			✓ nó ✗
1		2		
3		4		
5		6		

Mo scór ☐ /6

Aonad 34	✓ nó ✗			✓ nó ✗
1		2		
3		4		
5		6		

Mo scór ☐ /6

Clár dul chun cinn

Aonad	Teideal	Déardaoin scór tástála:	Dé hAoine scór tástála:	
1	An Aimsir	___ / 6	___ / 6	
2	Faoin Tuath	___ / 6	___ / 6	
3	Mo Sheomra	___ / 6	___ / 6	
4	Mo Mhála Scoile	___ / 6	___ / 6	
5	Dul Siar			___ / 50
6	Mo Dhinnéar	___ / 6	___ / 6	
7	Ar Scoil	___ / 6	___ / 6	
8	Oíche Shamhna	___ / 6	___ / 6	
9	Gníomhartha – Ar Scoil	___ / 6	___ / 6	
10	Dul Siar			___ / 50
11	Éadaí	___ / 6	___ / 6	
12	Ag Féachaint ar an Teilifís	___ / 6	___ / 6	
13	An Siopa	___ / 6	___ / 6	
14	An Chéad Nollaig	___ / 6	___ / 6	
15	Dul Siar			___ / 50
16	Mo Bhricfeasta	___ / 6	___ / 6	
17	An Corp	___ / 6	___ / 6	
18	Gníomhartha – Sa Bhaile	___ / 6	___ / 6	
19	An Chistin	___ / 6	___ / 6	
20	Dul Siar			___ / 50
21	Uimhreacha 1–6	___ / 6	___ / 6	
22	An Siopa Éadaí	___ / 6	___ / 6	
23	Uimhreacha 7–12	___ / 6	___ / 6	
24	Gníomhartha	___ / 6	___ / 6	
25	Dul Siar			___ / 50
26	Ainmhithe / Peataí	___ / 6	___ / 6	
27	Dathanna	___ / 6	___ / 6	
28	An Dochtúir	___ / 6	___ / 6	
29	Bréagáin	___ / 6	___ / 6	
30	Dul Siar			___ / 50
31	Mo Bhreithlá	___ / 6	___ / 6	
32	Ar an Trá	___ / 6	___ / 6	
33	An Zú	___ / 6	___ / 6	
34	Ar an bhFeirm	___ / 6	___ / 6	
35	Dul Siar			___ / 50